从观点初现到研究完成

论文写作指南

熊浩 著

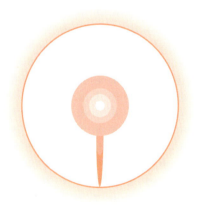

复旦大学出版社

教育部国家精品在线开放课程"思辨与创新"配套教材

── **题记（一）** ──

研究的方法，你一生都在使用。

——Earl Babbie

—— 题记(二) ——

彼得·德鲁克曾说过:"没有什么比正确地回答了错误的问题更危险的。"身处新时代的开端,我们面对的真正的问题并不在于大家普遍感受到的焦虑和进退失据,而在于那一系列不断催生焦虑情绪的错误认知,以及隐藏在背后的一个事实——我们的思想力始终没有被培养起来。我们并没有与经济高速增长去同步发展我们极为稀缺的科学精神。没有科学的理性精神,我们主动或是被动放弃独立思考的能力,脑子里固化出对"权威"和"大家"的崇拜与依附,将思想自由拱手让出,让一个又一个似是而非的思维泡沫引领自己对世界的认知,进而不断加剧自己的焦虑感。于是,对于迎面而来的各式冲击,我们雷厉风行地寻找各种风口——制度风口、资源风口、商业模式风口、技术风口,甚至"无厘头"风口,把"短、平、快"地攫取利益视为当然,把建立关系和做交易的能力等同于经营管理和商业思想,把跑马圈地、占有各类资源并据此疯狂寻租看成中国式的商业规律;我们开口闭口大数据、人工智能、基因疗法、比特币、区块链和 ICO,为能否得到那张技术"船票"而焦虑,却不知只有通过更为系统、注定辛苦的学习和独立思考才能深入理解这些技术的底层结构和支撑它们的基础设施,进而判断它们可能的商业应用场景。没有科学的理性精神,缺乏追问因果关系的执着,我们将会偏安于林林总总的思维泡沫之中,自以为已经洞悉这个时代的真实面貌,找到了那些推动人类进化的源动力。

——刘 俏

北京大学光华管理学院 院长

— 题记（三）—

一次到台湾地区开会，资深的前辈学者们和我说，刚刚毕业的博士初到大学任教，多是教授研究方法和论文写作类的课程，因为他们都还记忆犹新，所以往往教得不错。

我说："不是因为记忆犹新所以教得不错，而是因为痛得真切，所以，会讲得特别真诚。"

——熊　浩

目 录

第一部分 问题意识

第一章　我们常常与问题不期而遇　　003
第二章　什么是研究？　　008
第三章　把对问题的思考与研究，设想成一种投资　　015
第四章　回到事情本身，回到生活世界　　022
第五章　"应无所住，而生其心"　　029
第六章　找到真实的感性路标　　035
第七章　好问题是具有理论意义的问题　　043
第八章　所有理论都具有时空限定　　056
第九章　理论的意义：节省认知成本　　061
第十章　用途与方向　　066

第二部分 有效论证

第十一章　明确的议题　　075
第十二章　清晰的立场　　081
第十三章　区分假说和论证　　090
第十四章　主观证明　　101

第十五章	诉诸权威	108
第十六章	诉诸经验	113
第十七章	知识普及、科技的赋能与平权对研究方法的影响	118

第三部分 批判思维

第十八章	"批判",一个语境问题	131
第十九章	澄清语意,从而使表述清晰	138
第二十章	明辨逻辑,从而使论证合理	144
第二十一章	检视前提,从而使新知启迪	151
第二十二章	洞察语境,从而使叙事重构	163
第二十三章	同情理解,从而使心灵开放	176
第二十四章	批判性思维是对崭新可能的拥抱	182

第四部分 论文历程

第二十五章	研究启动	189
第二十六章	研究展开	196
第二十七章	论文要素	221
第二十八章	引证问题	235
第二十九章	剽窃问题	250
第三十章	学术伦理	255

参考文献 267
附录 274

附录一 确定主题,并将关键词作为介入既有文献的钥匙

附录二 论文的结构要素

附录三 导论自查清单

附录四 文献综述自查清单

附录五 论文提交:内容一致性检查清单

附录六 论文提交:形式检查清单

附录七 香港大学研究伦理申请表

附录八 香港大学受访人同意书(模板)

附录九 复旦大学法学院法律硕士学位论文规范要求(2019年版)

第一部分

问题意识

QUESTION

第一章 我们常常与问题不期而遇

未来你若在任何一个大学、公司、组织或政府机关工作，如果独立学习或独当一面，你会遇到（自己选择或被迫接受）一个新课题、新项目，进入一个新领域，或开启一个新方向——你问自己："我要不要试一试？"——这就是与你迎面相遇的"问题"。

如果你想回答这个问题，第一反应是要不要找老师或领导问一问基本情况，请教一下可能有相关经验的同事，听听他们的意见；抑或是了解老人的故事，搜寻别人的经验，这就是某种意义上的"质性研究"。质性研究强调个案介入、强调深度探知、强调个体对质感问题的穿透能力。或者,你发现你们公司跟另外一家公司挺像的,包括在市场上的定位、产品的特征、受众的人群,他们在上半年做了类似的产品,你要不要把他们那个产品拿来做一些分析,对产品的优点缺点、长处短处进行整体衡量和比较,以此来帮助你决定这个项目要不要做以及怎么做呢?——这就是"比较研究":把一个既有经验纳入你的整体的认知框架中,以此作为借鉴和依据。写论文的时候,大家非常容易使用比较研究。通常会说:德国是这样做的,美国是这样做的,他们比较进步,我们应该效法。这也是比较(虽然这样的比较未必见得有效和规范)。再或者,你也可以看一下行业研究的数据,关于你们要做的这个新业务,在中国这个业务普遍是好还是不好?能不能找到数据?能不能看懂数据?如果找到了数据,是否具备对数据的解读、分析和处理能力?这就是"定量研究"方法。所以在你的职业中和你的生命中,你每天都会和问题不期而遇。而一旦问题与你相遇,你就会需要研究方法,从而找到解决问题乃至困境的出路与办法。

也许你会说:"不,我生活顺遂,我没有问题!"那我问你:生、老、病、死是不是问题?怨憎会、爱别离、求不得是不是困境?无论我们愿意与否、高兴与否、知道与否,与困惑、麻烦、痛楚、为难、疑惑、不如意的相遇,是生命的本质。所以,对研究方法的学习怎么会是仅仅为了写论文呢（当然它可以帮助你完成独立的研究）？这套方法难道不是帮你整理自己的人生，安顿自己的职业，系统化自己的底层认知，从而真正懂得如何解决问题，或者与问题更为积极地相处吗？

然而遗憾的是，多数人，我们中的多数人，每天与问题之间的关系是擦身而过，或者碰巧解决，或者是"眉毛胡子一把抓"，未曾接受过基本的、系统的认知训练。

我们希望通过这本书的学习，你与问题相遇时候的状态逐渐从"直觉"状态向"知觉"状态过渡。在我看来，所有有效学习的标准，都是在某种程度上把大家从直觉的状态向知觉的状态做出有效的推动。所谓直觉，即没有意识的惯性、常规、不假思索乃至应激反应。而所谓知觉，便是你知道你在做什么，你对自己的行动有觉察，你知道自己走在哪里，去向何方——这才是学习对我们最重要的助益。

如果深谙研究方法，你会成为怎样的人？用费希特的讲法，叫作具有"自我决定能力"。我们举个例子，用这个广泛流传的故事，来从中瞥见联合国官员如何在被方法加持的意义上解决具体问题的过程。联合国曾经将一个高级官员派到越南，任务是提高当地未成年儿童的身体健康水平。当他到了越南之后，发现联合国并没有给他匹配相关的人力以及财务支持，意味着他要一个人改变越南未成年人的身体健康状况。如果换成是你，你会怎么做？给自己几分钟想一想，也考察一下自己大脑的力道与遐思。

我想对于大部分人来讲，这个任务将会是令人绝望的，是一个不可能完成的任务。当然，你可能会写一份"八股"式的报告：应该怎么样去提高儿童的身体健康水平呢？应该重视教育、发展经济、提高意识、强化落实……可以写很多内容，写完之后可以往里面填充相关数据和材料，然后就可以交差了。但坦率讲，这样的报告与其说解决了问题，不如说是回避或遮蔽了问题。

我们看看这个联合国官员是如何作为的——他把"提高越南儿童身体健康水平"这个问题当作他必须独立面对的问题，他"自我决定"。这位官员首先进入村庄访谈和观察，确定了一项判断未成年人健康好或者不好的标准——身高。于是他把村子里身高比较高的儿童集合在一起，然后把父母身高较高、家庭条件好的儿童剔除掉，剩下那些就是比较大概率是因为营养原因而比较高、身体比较不错的。通过筛选，他把健康这个受到多变量影响的事件用简单的方法做了一次变量控制。

接下来，他就到这些家庭轮流家访，看他们到底是怎么准备食物的。他访问了足够多的家庭，做了足够的参与观察之后发现，凡是家里面父母身高不高（排除基因因素的影响），也非官非贵（排除了明显的后天加持），家里面也没有什么特殊条件，而身高依然比较高的儿童家庭会有以下三个特征：第一个特征，是少吃多餐，吃得不一定好，但吃的次数比较多；第二个特征，是会到泥地里面去捉小鱼然后拌饭吃；第三个特征，是会把红薯叶榨成汁，浇在饭上一起来蒸。就这三件事，三个有效的地方性的知识，养育了那些在生活条件有限的情况下，仍然能够保持良好体质和健康状况的一部分越南普通少年。最后这位官员把这个方法进行推广，这个方法影响了越南 20 年的时间，在不明显加重社会成本的大前提下明显地改善了当地人们的健康水平。[1]

这就是研究能力的体现，在整个调查过程中有效运用不同的研究方法。首先，在实验研究的框架中，确定青少年健康是一个多变量事件，这个官员明白需要找到理解健康的一个量度。他选择了身高。身高受多变量影响，他需要控制——这是社会科学、实验研究的最基本思维。通过轮流家访进行入户调查则是质性研究——用参与观察、田野访谈的技术，去提取社会经验中真实而重要的信息，理解和洞察研究对象正式的生活历程，然后再次用政策加以推广。这个过程本身就是一次非常优秀的研究方法的全景示范。

---

[1] 参见樊登：《可复制的领导力》，北京：中信出版社 2018 年版，第 118—119 页。

第二章 什么是研究？

学习的本质是通过人类已有的知识存量来解决问题：明确问题—判断方向—搜索调查—筛选资讯—形成论证—得出答案。找到答案，找到靠谱的答案，是学习的本质。例如，你留意到美国金融危机的爆发，于是想知道美国的金融监管法制当中的不足或瑕疵，然后去搜索、寻找、定位答案，这就是学习。人类的知识处在不断累进的状态，所以知识之存量已成江海。在知识之海中投石，然后见其涟漪，明其光亮，受其照耀，这就是学习。所以本科教育的目标之一，甚至是最重要的目标，并不是帮助学生"学习知识"，而是成就学生"学习学习"的能力与习惯。"学习"本身足以成为一个独立而重要的目标——怎么去找资料？怎么去鉴别资料？怎样为自己的困惑与疑难搜寻到靠谱的解答？这些都是本科阶段学生的基本学习范畴。按照香港中文大学金耀基教授的提法，"学习学习"是大学教育四个学习维度——learn to learn（学习如何学习），learn to be（学习如何做人），learn to do（学习如何做事），learn to together（学习如何相处）——中重要的一个。[1]

如果你发现既有知识提供的应对这个问题的方案并不能令你满意，因而想脱颖而出，创造一个新的工具、新的角度、新的知识，尝试性地用新的可能去回答这个问题，这就叫研究。所以从这个意义上讲，如果你想在一个领域（不一定是学术领域）成为顶尖高手的话，它需要你有通过知识的增量回答问题的能力（研究），而不是仅仅只能利用知识的存量面对问题（学习）。无论在什么职业或行业，高手跟普通人的差别不会只是能否找到知识的存量。如果只是能否找到知识的存量，那世界上高手与普通人之差距便主要是来自检索能力的差距了——这是不可能的。检索能力不是一个人的本质性力量，高效检索越来越有可能通过机器即可完成。所以，学习能力，即用知识存量回

---

[1] 金耀基："人文教育在现代大学中的位序"，载《中国大学教学》，2003年第11期。

答问题不是高手跟普通人的差别所在；能用知识增量来回答问题，即研究能力，才是产生这种差别的根本原因。

在研究生阶段，大学培养学生的目标就是培养独立研究能力，这种训练需要让你用增量来回答问题，最终创造知识，为整体的人类知识贡献新知。所以，研究的核心使命是从事知识的生产，从而创造新知。建诸本科教育之博雅情怀、通识体验与公民人格之上，研究生将深入到具体专业内部，从事具有拓新意义的知识创造。那么，专业知识是如何创造的呢？亚当·斯密的论述也许可以给我们一点启发。在亚当·斯密最重要的代表作《国民财富的性质和原因的研究》（一般简称《国富论》）中，在这本书的一开始，亚当·斯密记述过这样的一个故事。在英国，有这样一家别针的工厂，十个工人分工协作，每天可以制作四万八千多枚别针。但如果他们每个人都各自独立工作，他们甚至没有办法在一天之内完成一枚别针的制造。亚当·斯密说，是什么创造了这种效能的奇迹？毫无疑问是分工。[1] 所以在工业化以后，我们分工的门类越来越细。社会分工的专业化，自然需要知识生产的专业化；知识生产的专业化导致了大学中的学科分立、分科治学。各个学科都各有

---

[1] [英] 亚当·斯密：《国民财富的性质和原因的研究》，郭大力、王亚南译，北京：商务印书馆1972年版，第5—6页。

"一亩三分地",然后精耕细作。所以,要实现知识的增量,首先需要学习知识的存量。

接下来我给大家看一张图,这张图是来自 Matt Might 的 "The Illustrated Guide to a PhD" 的图文解释[1]。它描述了一个特别生动的图解——关于什么叫博士,什么是 PhD。你会看到一个圆圈,这个圆圈实际是标定了我们人类知识的边界,这个圆圈的内部是有可能被人类所知的知识,而这个圆圈的外部表示的其实就是我们要不断探索的那个辽阔而蛮荒的未知世界。

现在你看见圆心出现了一个白点,这大概就是我们知识的开始。我们从小学开始,对数理化各个领域开始有初步的了解,建立常识,建立自己的知识系统。现在开始

---

[1] Matt Might,"The Illustrated Guide to a PhD",http://matt.might.net/articles/phd-school-in-pictures/,2018 年 1 月 26 日访问。

出现一个环,大概达到中学水平,还是一样,在各个学科都有知识的汲取从而全面发展。再往后,你看到一个粉红的环,上面多出一个球。它是什么意思呢?它是指在这个基础的知识平台上,我们已经开始有专业的分化了,所以你会发现它突出一端。再往下,你会发现一个更红的红尖,这个部分实际上已经在进行硕士阶级的学习了,你会在更狭窄的地方更往前突进。而现在你看到的,长足的增长和已经触碰到知识边界的耀眼红色就是 PhD,它努力地在一个狭窄的知识领域继续艰难突进,或者说挣扎前行,而最终的目的是触动我们所说的前沿,并有可能为人类整体的知识增加一英寸的高度。英文叫作 contribute new knowledge(贡献新知)。如果把这部分放大,你会看到红色的博士研究已经触碰到人类知识的边界,而真正的贡献就是下图当中所显示的这么一点点,正如刚才说的,为整体的人类知识,哪怕只贡献一英寸的高度,而这一个贡献就叫 PhD。

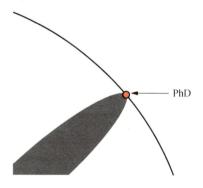

我们回过头来看，这无非只是整体的人类图景中那一丁点儿要用放大镜才能够找寻得到的细微进步。因此，多数博士的培养路径和博士生学习的过程，分明让我们看到在这个工业时代知识的专精和聚集，以及我们如何在一个非常狭小的领域，持续地用力，最终为整体人类知识做一点点贡献。所谓博士，很有可能是知道得很深，但是却知道得很窄的一群人，因为他们把绝大部分的生命能量都耗费在一个非常狭窄而聚焦的问题当中去了。

总结一下，我们永远会面对问题：生老病死、怨憎会、爱别离、求不得。在生活中、学习中、职业生涯中，无论我们运气多好，每天我们都会与问题不期而遇，但我们面对问题后是与之擦身而过，是碰巧解决，是"眉毛胡子一把抓"；还是你拥有系统的认知与方法训练从而形成处理问题的自我觉知，这是完全不一样的状态与心态。真正有效的思维教育是努力把大家从"直觉"的过程——被应激反应或习惯默默推动，向"知觉"的过程——由内生动力和自我觉察护持，渐渐转化。简单说，所谓"知觉"就是你知道自己在做什么，并对这种做法会给你带来何种后果有基本的评估与预判。方法论就是帮我们从"直觉"走向"知觉"，从而直面并解决各种具体的问题。如果说本科阶段我们是learn to learn，学习本身构成了一个独立的价值目标——学会如何找资料，学会如何鉴别资料，然后整合与论证；到了研究生阶段如果要用增量回答问题，那么你最核心的使命就是创造，是创新，是为整体的人类知识贡献微弱但可见的一点点高度。

第三章 把对问题的思考与研究，设想成一种投资

每一个人的时间是恒定的、单维的，于是时间构成了我们所有选择的必然限制。是的，所有选择都有"机会成本"。所谓机会成本[1]，即因为时间单一维度的流淌，所有选择都意味着某种放弃。花时间锻炼可能就没时间看综艺节目，花时间看综艺节目可能就没有办法参加聚会，参加聚会可能就没时间复习考试，没时间看书。当人们越来越全面地被整合进大众文化表层的审美

---

[1] 机会成本（opportunity cost）是指企业为从事某项经营活动而放弃另一项经营活动的机会，或利用一定资源获得某种收入时所放弃的另一种收入。另一项经营活动应取得的收益或另一种收入即为正在从事的经营活动的机会成本。参见［美］格里高利·曼昆：《经济学原理》（第五版），梁小民、梁砾译，北京：北京大学出版社2009年版，第5—6页。

与娱乐观影方式中，我们很容易在喧嚣落幕时发觉时间被耗散、燃尽，机会成本极为高昂。

我们大部分人年轻的时候对时间的流逝比较迟钝，丧失对其敏锐的洞察，花费大量时间沉沦于一些无意义的事情中。管理学大师史蒂芬·柯维把人的外部关切分成两个嵌套的同心圆。内部较小的同心圆叫作影响圈，指的是我们可以控制、可以介入、可以管理乃至可以完全改变的领域。而在影响圈外部还有一个更大的圈子，叫作关注圈。关注圈所涵盖的就是我们不可影响、不可改变、不可控制的事情。[1]

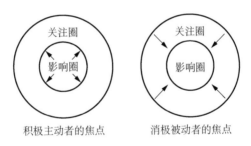

积极主动者的焦点　　　消极被动者的焦点

举个简单的例子：我们每天生活中的什么事情是处在影响圈范畴的呢？比如，今天晚饭吃什么，闲暇时光阅读什么，让自己的英文进步。什么是关注圈呢？比如新闻事件、明星八卦、网络传言、小道消息。史蒂芬·柯维认为，我们在关注圈花的精力越多，我们的影响圈

---

[1][美]史蒂芬·柯维：《高效能人士的七个习惯——人际关系篇》，李耘译，长沙：湖南文艺出版社2015年版，第57—84页。

就会越小，可以自我决定的事情会越来越受到限制——说白了，你的意义时间被大量耗散。相反，如果一个人在影响圈多花时间，他的能力就会扩大，他能控制、介入的事情会越来越多——在这个过程中你因为自我训练而获得真实成长，当然，你能够关注的东西也会越来越受到限制。史蒂芬·柯维建议所有领导者去关注自己的影响圈的事，少留意自己的关注圈，即关心自我的成长，而不是资讯的流淌。

时间是一种特别有价值的资源，把时间投入在不同的方向上，我们就会获得完全不同的报偿，会塑造出不一样的自己。所以，如果把时间的价值做出清晰标定，并把思考看成是一场投资，那么，你就会有意识地管理和控制自己思智流动的方向，你便会对你思考即将介入的问题是否具有价值进行评估、判断、审查。也就是说，不是所有的问题都值得我们去研究的；不是所有的问题都值得我们去投注生命时光，消耗由衷热诚。

那自然地，你一定会问：世界上哪些问题值得我们去投入、去研究呢？

我给你两个标准，第一个标准是：这是一个真问题。第二个标准是：这是一个好问题。

那么什么是真问题呢？我给你两个判断依据：一个关乎外在，一个关乎自己。

我在美国念书的时候，上过一门课叫作法律人类学，老师是著名的法律人类学家 Sally Moore 教授。我的一位泰国同学会在课余时间和我讨论他的论文。他正在写一篇关于宪法的论文，讨论言论自由。想一想你写论文或研究报告的历程，是不是经常找一个概念把自己"附着"进去？如果让你写言论自由，你会死死抓住言论自由这个概念，然后确定定义、网络搜索、查找文献、研读论文。而我这个同学，他也是写言论自由，他也是交宪法学作业，可他的问题意识，就是那个引发研究的第一个触动力量，是嵌入在质感的生活中——"谈论国王"。是的，他想研究我们在多大程度上可以讨论国王。因为泰国是君主制政体，英国也是，而所有君主制政体国家都会或多或少地限制公民对王室的议论，言论是有边界的。于是，他想做一项关于两个国家的比较研究：公民讨论王室的边界在泰国与英国究竟有何差别呢？而这种不同，又是如何纤细而具体地使得人们在讨论国王时受到不同的限制？

中国法学界曾经有关于《消费者权益保护法》是经济法还是民法的讨论，如"经济法的独立性""《消费者权益保护法》是经济法还是民法"。如果研究结果表明《消费者权益保护法》是经济法，那又如何？《消费者权益保护法》能够因此在智识或者现实的层面取得任何进步吗？不能。所以，邓正来教授直指真实，批判这种在概念上折腾、在书本里挥霍的假问题的研究：

摆上货架的商品需要经过检验程序，但是地摊上的食品质量安全如何规制？农村食品安全（如蜂农自酿的蜂蜜）该如何规制？如何把这样的问题纳入产品质量法的体系中？如何通过产品质量法去解决城市和农村边缘人群的边缘生活问题？怎么在满足这些边缘人群的基本生活的同时又保证食品质量安全？这才是真问题。完全回避这些问题的产品质量法只是在为城市的中产阶级服务，这印证了马克思的观点：法律是统治阶级的意志。[1]

按照苏力教授的理解，这种高度本本主义、缺乏对现实问题关照的研究理路是有其渊源的：

> 当时国内学界，特别是社会科学（即便文、史、哲学科）还有些自家传统的研究也差不太多（少数除外），基本还继续着1980年代开始以来对西方学术的狼吞虎咽，不大讲分析和论证，甚至不懂什么是分析和论证，普遍以引证代替论证，以引证名家权威代替分析论证，以理论复述代替独立的研究。回头看，不带贬义地说，那基本就是一个抄书的年代。不少学者的著作后来都遭遇过抄袭的质疑，这其实是一个时代的问题，不是学者的问题。

---

[1] 邓正来：“法学研究中的若干问题——在'厦门大学法学院建院80周年院庆学术论坛'上的演讲"，《三一集：邓正来学术文化随笔》，北京：中国政法大学出版社2012年版，第93—94页。

> 法学界也一样……回想起来,我认为,在写作这些文章时最突出的要点,始终基于我的中国生活经验而产生的争论和表达的冲动,这就是问题意识。无论是法治与改革/变法隐含的冲突,秋菊的困惑,破产法实践的难题,市场经济与法治的关系,法律规避,还是司法专业化,表达自由与肖像权的相互冲突,抗辩制的由来和去向,乃至有关的书评和关于一些学术问题(如:法学后现代主义)的论证。回头来看,我庆幸这每一篇文章的问题或多或少都是真的,都来自当今中国现实,不来自书本;即便是书评,也没有就书论书,也尽力同中国社会或中国学术的问题联系起来。[1]

我们学很多的学科,汲取很多知识,而最后会累积成承重的"唯书不唯实"教条,或者"以引证代替论证",以至于到头来与真实的世界"诀别"。我们与我们想触及的世界被一层抽象而隐晦的力量分割开了。马克思在《哲学的贫困》中说:"如果说有一个英国人把人变成帽子,那么,有一个德国人就把帽子变成了观念。"[2] 把人变成了帽子,就像大卫·李嘉图这样的经济学家,他们把人区分为资本家、产业工人、银行家,

---

[1] 苏力:"问题意识:什么问题以及谁的问题?",载《武汉大学学报(哲学社会科学版)》,2017年第1期。
[2] 中共中央马克思恩格斯列宁斯大林著作编译局编译:《马克思恩格斯选集》(第1卷),北京:人民出版社2012年版,第216页。

把活生生的具有血性的质感之人从感性体察中抹去,变成了一顶顶帽子。而有人觉得这个程度的抽象还不足够,于是便把人进一步抽象,抽象成某种精神、某种意向、某种象征、某种理念,比如黑格尔。由是,我们最终和这个"人",这些鲜活而生动的"问题"告别了。

第四章 回到事情本身，回到生活世界

我们不可避免地需要用概念去介入现实生活，但要当心概念对真实的遮蔽。比方说在冲突解决领域，如果一个纠纷发生在两个行人之间，我们可以用概念迅速笼罩整个真实的冲突现场——比如"故意伤害"。接下来进入刑法犯罪构成的认定，以及民法人身损害赔偿的算计。而他们真实的恩怨、历史、情感，所有现实生活中的细腻细节，都在一系列法律概念的笼罩中消失，或显得不再具有重要的意义。也许最终，我们可以解决冲突，但这种定纷止争却没有直面冲突双方最真实的认知，我们与这场纠纷的本来面目其实已经擦身而过。什

么叫一个真问题？用现象学运动发起人胡塞尔的讲法，就是两个大判断：一是"回到问题本身"，二是"回到生活世界"。我们太容易看到人们在概念与概念之间不断折腾，但却最终和我们想要直面的问题，一次次错过。所以胡塞尔鼓励我们，请将目光投向世界，投向质感丰满的生活世界。我们可以用一个网络例子来解释"直观生活世界"对概念围城的突围。

记者：马云推出无人超市了，您怎么看？

大妈：那啥？超市都没人啦，那还不关门干吗？

记者：大妈，无人超市不是没有人这个意思，而是说，超市里没有售货员、收银员等员工了。

大妈：那应该叫无员工超市啊！哎，就你们这语文水平，还当记者呢？

记者：是是，大妈说得对，应该叫无员工超市。大妈，那您对这种新型的超市有什么看法呢？

大妈：超市不需要养员工了，那东西是不是更便宜啦？

记者：这个？我们暂时还没了解到。

大妈：瞧瞧你们这些记者怎么当的？老百姓最关心的问题，你们不去了解，整天只会关心马云又弄啥玩意了。我们老百姓最关心的是什么？有没有假货，是不是更便宜啦！超市里有没有员工，关我啥事？

记者：您不觉得无人超市的推出将会改变我们传统的购

物方式吗？

大妈：改变啥哟？买东西不花钱啦？刷刷支付宝那也是花钱呐！

记者：大妈，看来您还是不能理解时代的发展潮流。

大妈：哟，弄个没有员工的超市就是时代潮流啦？每天都弄些专门裁减底层员工的玩意算啥本事？有本事弄个没有老板的超市啊？要不弄个没有公务员的政府啊？

记者：大妈，您对马云是不是有意见啊？

大妈：我不是对马云有意见，是对你这种无聊的记者有意见，问问题从来都问不到点子上。马云改变了我们的生活，但我们要的不仅仅是改变，而是带来幸福的改变。现在很多改变不仅没有增添我们的幸福，还增添了许多烦恼！这才是你们记者应该关注的问题。

这个例子可以帮助我们理解如何做到向"问题本身"的靠近，向"生活世界"的转弯。关于这一点，我在之后在介绍人类学方法时还会谈及。

请注意，我们并不是说所有哲思与玄想都没有价值，不是说脱离了质感经验的抽象学理便丧失了意义。在很大意义上，人文学术的作用在于思想拓荒，让我们看到人类的思想可能触及的崭新可能。用康德的话说这乃是一种"无目的的合目的性"。易中天先生曾说：

非科学研究则相反。它的结论，既不能被证实，也不能被证伪。现在不能，将来也不能，没有哪一天能。比如人性本善还是人性本恶，你怎么证明？《红楼梦》的主题是什么，你又怎么证明？把曹雪芹从地底下叫起来问问？何况《红楼梦》的作者到底是谁还没弄清楚。何况就算弄清楚了，或者本人在世也没有用，因为作家也可能不说真话。作家当中，矫情作秀的还少吗？更重要的是，非科学研究的结论是不必证实，也不必证伪的。因为人文学科的任务不是得出结论，而是提出问题。对思想家来说，问题是比结论更重要的东西。因为结论是不能被证明的。问题却可以启迪智慧，磨砺思想。[1]

但是，第一，这种思想拓荒不是任何一个人都有能力去完成的，它有天然的门槛，它关乎智力，关乎才情，关乎时代光华的眷顾。第二，这种思想拓荒不是天马行空的自我意淫，即使体系宏大、立意深远、思虑绵长，也需要带来对思智的启发意义或对时代大问题的统贯性的指引，这些并非完全与实践或实存分割，它即使不能产生具体实用的工具理性之价值，也并不意味着没有价值理性意义上的价值。第三，我们应该看到这个趋势，虽然无所谓正确或错误，但这是一个趋势，那就是

---

[1] 易中天：《破门而入——美学的问题与历史》，上海：复旦大学出版社2006年版，第28页。

作为整体的人类知识在20世纪经历了背向玄理、直面经验的转向。社会科学从理论驱动的偏好，渐渐转向经验驱动，这几乎是所有人间学术都具备的特征。刘瑜老师曾经在《从经典到经验》一文中分享过相关的见解：

> 大多哲学和社科经典都写作于"实证"几乎不可能的时代，比如，在二战之前，基本上不存在大规模的民意调查、完整的宏观经济和社会数据、科学上严谨的统计技术等等，所以大多数经典的写作方式只能是从概念到概念，从推断到推断，从灵感到灵感。这种写作方式往往能创造出很多很漂亮很有启发性的理论框架，但是很难校验这些理论的有效性，又因为不能校验它的有效性，即没有"证伪"它的可能性，知识很难有效积累。比如，马克思说资本主义国家无产阶级会不断趋于贫困化，这是一个经验判断，很容易通过数据来检验。比如，托克维尔说丰富的民间社团有利于民主的健康发展，这在当代政治研究中也完全可以通过经验素材来校验（事实上就有学者的经验研究表明，社团是不是有利于民主取决于社团的性质）。同样，新教是不是像韦伯所说的那样能够促进资本主义经济的发展，也可以从经验研究中找答案。既然我们现在有条件读很多更严谨、更扎实、更细化的经验研究作品，为什么要拘泥于那些从概念到概念的东西

呢？在今天我们的世界大有不同，如果我很关心"资产阶级民主是不是虚伪的"这个问题，以前我可能会去读马克思、读卢梭、读施密特，现在我则会去读有关议员投票记录和民意测验对比的研究、政治竞选捐款的来源比例研究、投票率和社会阶层关系的研究、议题媒体曝光度和总统的态度韧性等等书、文章甚至新闻报道。这些研究也许讨论的都是"小"问题，但是它们往往用一种有理有据、严格论证的方式来抵达那些"小"结论，这种虽微观但严密的论证方式，在我看来，比那些虽宏大但浮空的判断要有力量得多。[1]

理论面临着对现实解释力的竞争，渐渐地，那些纯粹的、非累进性的形而上学问题，最后会归属于偏好（虽然这种偏好极为重要，它属于本体论范畴，我们在讨论方法论问题的时候会涉及）。人们各自有不同的偏好，它们也许对抗、斗争、碰撞，无法对话或兼容，但这都不会妨碍这些矛盾的观点进入经验，被经验检视，被经验验证，被经验拓展。所以，无论观点如何对立，经验场却可以成为所有人、所有观念平等对话与相互检视的场。例如，你若是个人主义者，你有你的精神价值与生活方式；我是一个社群主义者，我有我的精神价值

---

[1] 刘瑜："从经典到经验"，http://rendaliuyu.blog.163.com/blog/static/1098345412010513446570/，2018年5月21日访问。

和生活方式。如果仅仅是两种对立的意识形态，我们有可能无法对话，但如果是数据、经验、感知，我们则在经验研究的这个意义上获得了一座沟通的桥。你认为个人主义更好，我认为社区主义更佳，我们可以调查、提取数据、深入访谈、检证彼此的经验事实，然后在同一个作业平台上比较、衡量，这使得两种完全不同的观念可以参照、可以对话；同时亦可厘清不同价值观的适用场域、长处及限度。

第五章 "应无所住,而生其心"

除了问题维度,所谓之真问题还关乎自己。在今天这个深刻变动而又相互连通的时代,要找到属于自己的所谓"真问题"其实并不简单。有三个强大的力量正在形塑和建构着我们的认知:市场、媒体和政治。我们可能比人类历史中的任何其他一个时刻都不容易找到自己真正关心的问题。

举例说明市场、媒体对我们的影响吧。例如,现在大家都在看某部极为流行的电影,于是大家都被朋友圈包裹。这种包裹会让你觉得如果不看这部电影就缺少谈资和"社交货币",你在某些和小伙伴一起出行、玩耍、吃饭的场合，会觉得自己少了一些介入公共话语场合的"社交货币"。再比如，我们都在看某个大火的综艺节目（如《奇葩说》）的时候，你会觉得自己即使不喜欢也得知道一点，不然显得太不入流或对新鲜事物缺乏了解。所以那强大的外部力量——大众文化和消费主义，这种市场主导性的力量，正在使我们的趣味、认知、关切越来越被统一，从而也滋生了一种尽量合群、尽量去和群体保持统一的焦虑。在表面上，消费主义与自由市场貌似创造了一种巨大的个人选择的多元可能性，但这种选择的后面藏着人与人高度的同质——我们今天应该可以感受到我们在繁花尽显的多元时代，其时代底层关于人格意义之评价标准的单一。在中国古代，文士，体现儒家；武士，体现墨家；隐士，体现道家；谋士，体现法家——即使国家尚未开明、尚未现代化，也有多元的底层价值系统让众生可以分途跋涉。而今天，即使在繁荣璀璨之国际都市如上海，用戴锦华老师的话，成功的标准其实只有一个，那就是：一切能不能还原为钱，并且还原为更多的钱。

此外，政治也是形塑我们的重要外部力量，它有效地设置着学术议题。但如果不是对政治环境中热络的议题抱持真实的洞察与关怀，这种研究很可能会随着新的议题的出现而变得相对边缘化。注意，我并不是说学术不应该为商业与政治服务。一方面，商业与政治本身就需要学术的介入，值得学术介入，这是完全正当的，这也是学者的公共责任之一；而另外一方面，学者也是人，也需要"为稻粱谋"。我只是认为外部环境会构成一种诱惑，一种让你全身而入的介入，从而让你忘记自己本身的热情、爱好与自由选择。所以，所有做这些事情的学者得有基本的判断，即知觉于自己的问题意识是被建构的，他们要明白这种被建构起来的研究离开自己的这颗心到底有多远——但倘若他对此真有由衷的兴趣，那没有问题，值得鼓励；倘若没有内在动力，不过随波逐流，这种状况需要予以觉察，予以反省。

《金刚经》中有一句话："应无所住，而生其心"，这句话在《六祖坛经》中被引用过。根据《六祖坛经》记载，六祖慧能大师年幼时是不识字的，"艰辛贫乏，于市卖柴"。有一次慧能卖柴送客，"却出门外，见一客诵经，慧能一闻经语，心即开悟"。后慧能拜入五祖弘忍大师门下，"祖以袈裟遮围，不令人见，为说《金刚经》，至'应无所住，而生其心'，慧能言下大悟：'一切万法，不离自性。'"[1] "应无所住，而生其心"是五祖弘忍启发六祖慧能的一个顿悟瞬间。现在初见这几个字"应无所住，而生其心"，你会有什么感觉？你会问：啥意思啊？但慧能闻觉这八个字，当下即悟——这就是慧根深浅的差异。简单解释一下："住"乃停滞、

[1]《六祖坛经·行由品》。

牵绊之意，"应"是本心应然之态。所以"应无所住，而生其心"的大体意思是你那由衷的向往与期待，你的盼望与坚守，如果没有被任何外在的东西牵绊或绑住的话，内心真纯而本初的样子，那种如是观照的世界真相便会自然而然升腾起来。所谓"本来无一物，何处惹尘埃"，这颗纯粹真心若还在，便能领会"菩提本非树"的本真照见。

我们今天对于人生的设定，在多大程度上是受外部环境巨大的建构，甚至是暴力介入的呢？你若要找到那个由衷于自己的真问题，一点都不简单。我记得若干年前我指导一个学生写毕业论文时，他想写"网络隐私的法律保护"这个主题。我就问他：这个问题是否对你来讲是一个真问题？你自己，或者朋友、家人的微信、微博、支付宝、QQ被盗号了吗？你是不是自己的网上银行被黑客侵入了？是不是聊天记录被人公布或发现了？是不是网盘里的私人文件被人盗取或删改了？是不是电子邮件的信息流入到他人手中了？好遗憾，他的答案都是否定的。这就说明"网络隐私的法律保护"根本就不是一个使他感到不适的"痛点"。所以，这个学生之所以要研究这个问题在很大程度上并不存在属于自己的内在动力。他或许只是觉得这个问题重要就去写，而这种"重要"是因为有新闻报道，有坊间传闻，有老师提及，有舆论炒作。或者很多同学选择自己的研究主题时，是将教科书的章节标题变成一个论文主题，而不是检视问题的真实性与理论性。是的，他的问题意识更多被外部建构，而这种建构并没有本心的呼应与勾连。坦率讲，当代法学院学生真的没有自己的生命痛感、自己的现实关切、自己的由衷麻烦与法律相关吗？而这些问题，都被某种力量压制、遮蔽、阻挡，最终没有构成研究的对象与主题。

我们刚刚讲时间是一种非常重要的资产，所以研究也可以比拟为一场投资。那么你在这场研究问题和耗散时间的投资中，怎么就没有把自己放置进去呢？在整个问题选择、问题解答、问题钻研的过程中，你，那个有爱、有恨，那个有苦、有悲，那个有喜、有乐的你，怎么就悄无声息地消失了呢？我以前说过，大学本科教育最大的失败就是在本科教育结束时，问学生喜欢什么，学生一脸迟疑或困惑，然后战战兢兢地说"不知道"。你通过大学四年的学习，最后，终于把自己搞丢了。电影《霸王别姬》那句著名的台词——"不疯魔，不成活"，讲得多好啊。你如果找到自己彻骨的热爱，你才懂得什么是"活"，你有了目的、方向和自主性，因为你的人生有了方向、志业与意义，这才是活。而你投入了很多精力、需要解答的题目竟然只是、仅仅只是老师为你选的，或者是你自己觉得这个问题最近比较热络，比较重要，而完全丢失了自己，这简直就是一个暗淡无光的悲剧现场！

所以这个值得我们全情投入研究的问题，需要的是真问题，而一个"真"字，最为诛心——说到底，我们是在问：你，认不认识你自己？

在我看来，比起真问题的外部标准，即不被概念遮蔽，能对事情本身"如是观照"，这个找到自我的内在性要求的标准更为重要，这是一切有效研究与深入思考最本质的出发点——请你选择你的热爱。我觉得中国很多博士生从根本上讲是很难做成好的学术的，恐怕最直接的原因也在于此：他们连选题都不是自己选的，是导师选的，是因为导师做项目就像修建一座大厦，其中某一层需要你来搭建，所以那个位于五楼的问题，就这样分配给了你。这怎么可能做成好的学问？对一个博士学生而言，这就是一桩四到五年的差事，而所谓 PhD，不过草草过完，最终交差而已。

第六章 找到真实的感性路标

我当年读书时,我的方法论老师、香港大学的 Robert Morris 教授谈到问题意识,谈到如何确定研究选题时,从很多不同的学者论述中归纳出如下标准,我称之为"Morris 清单",只有符合这些标准的问题才是真正应该去研究的:

- An issue or problem makes you angry—offends morality, decency, justice. [1]

---

[1] Christine Loh and Civic Exchange, *Functional Constituencies: A Unique Feature of the Hong Kong Legislative Council* (Hong Kong: Hong Kong University Press, 2006).

- An issue or problem excites you. [1]
- There is something new you want to teach the world. [2]
- You wish to reveal a secret.
- You wish to effect change. [3]
- An issue or problem is on the cutting edge of your subject. [4]
- You want to enter a dispute with a new argument. [5]
- The discussion which you wish existed about your subject doesn't exist. [6]

---

[1] Robert J. Morris, "Configuring the Bo(u)nds of Marriage: The Implications of Hawaiian Culture and Values for the Debate About Homogamy" (1996) 8(2) *Yale Journal of Law & the Humanities* 105.

[2] Karen Man Yee Lee, *Equality, Dignity, and Same-Sex Marriage: A Rights Disagreement in Democratic Societies* (Leiden, Boston: Martinus Nijhoff Publishers, 2010).

[3] Ron Suskind, *The Way of the World: A Story of Truth and Hope in an Age of Extremism* (New York: Simon & Schuster, 2008).

[4] Colin Tudge, *The Link: Uncovering Our Earliest Ancestor* (New York: Little, Brown & Co., 2009).

[5] Bill Moyers, *Moyers on Democracy* (New York: Doubleday, 2008).

[6] Robert J. Morris, "China's *Marbury*: Qi Yuling v. Chen Xiaoqi—The Once and Future Trial of Both Education and Constitutionalization" (2010) 2(2) *Tsinghua China Law Review*.

- Your research is "something that will surprise the world."[1]
- There is a developing area of law-and-_____ that is important.[2]

Morris教授是在提示我们,当你寻觅不到所谓真问题时,即那种值得自己投入、介入、全情参与、精心研究的问题时,我们需要"反身而诚",以一种大诚恳面对自己思智与志趣的流动。捕捉那种内波动,寻觅那种无功利的力量——你的情绪遭受激荡、你的灵感被魅惑引领、你的思虑被由衷震撼、你的道德被刺激冒犯、你的兴趣被彻底激发——这说明一件事:你有可能已经找到了你的热爱。如果拿到任何一个题目,你毫无感觉,不如先离开。

为什么这么说?

其一,未来人工智能对人类最大的一个影响是会削去不必要的累积优势。比如一个人可能画画天赋很高但画得很丑,原因就是他疏于练习;而我虽天赋不如他,

---

[1] John Adams, *Diary and Autobiography of John Adams*. quoted in Susan Dunn (ed), *Something That Will Surprise the World: The Essential Writings of the Founding Fathers* (New York: Basic Books, 2006), pp. 3-4.
[2] Norman Polythress and John P. Petrila, "PCL-R Psychopathy: Threats To Sue, Peer Review, and Potential Implications for Science and Law. A Commentary" (2010) 9 (1) *International Journal of Forensic Mental Health*.

但因勤于练习而成为画画高手。仅仅因为在时间中施加体力的重复练习积累出来的技能就是"不必要的累积优势",因为这是人机械化后、重复劳作而获得的属性,而非人之本质力量的灿烂彰显。科技越发达,技术的重要性就会下降,而艺术的重要性就会体现。那种感性的、对绘画真正的情感、投入和创新的精神,才是画师之所以成为画师的最重要部分,而该部分不是依赖刻苦,而是依赖由衷的热诚。仅仅依靠熟练而获得的机械性优势,而不是打开人格的可能性,丧失对真实兴趣的把握,这种熟练会随着科技进步而贬值。

其二,兴趣是一种长情的陪伴。要知道成为高手其实是非常孤独的,周围和你一起同向而行的人会越来越少。我读博士时,老师们就和我说,大概到二年级他们就不一定能指导我的博士论文了,因为在我自己所钻研的狭窄领域我确实知道得比他们多了。我的导师研究"替代纠纷解决"(Alternative Dispute Resolution,ADR),但他不会花四年时间在ADR的某个具体论题上不断往下钻研。而我却在这个狭窄的小点上一直研究,当然在这个狭窄问题上有可能比导师所知的更多。所以走着走着,导师就无法指导你了,你周围的人越来越少,越是这样你越觉得孤单。此时唯一能陪你的就是你的兴趣,否则你怎么能撑得下来?所以一个人如果活着活着就把自己喜欢的东西搞丢了,他其实就"死"

了。无论是从人文角度认识你自己，还是从功利的角度找一个攀登高峰时候的最忠诚的陪伴，你都要去找佛教中所说的"无相真心"，就是你到底喜欢什么，到底钟情什么，到底愿意做什么，这个是我们进入到所有对问题的分析的大前提。我认为这一点比刚才所说的现象学的提示，不要沉溺于概念所建构的科学世界，而要直击问题、直面事情更重要。因为兴趣和真心决定了你能够在自由的驱使下真正完成对问题的研究。你也许听说过在很多领域只要花足够多的时间你都会成为高手——这便是传说中的"一万小时定律"。但不是说在任何领域花足够多的时间你都会有意义感。有多少人把每天的工作视为对自己的摧残和折磨。你有兴趣，即使你尚未成为高手，你也会问"今天什么时候开始"；你没有兴趣，也许你已然成为高手，但你整体的状态却是问"今天什么时候结束"。兴趣对人的陪伴会催人奋进，也会许诺意义。这是我们对问题讨论的第一个重点，即找一个真问题。它既扎根现实，又属于自己；它既能够让你帮助整个世界更真诚地显露它的样子，也能帮助你自己更真诚地看见你自己。而后者，真的更为重要。

最后，我想引用两段话，与大家共勉。第一段话是孔夫子说的。子曰："古之学者为己，今之学者为人。"对此，杜维明先生曾有过诠释：

> 在1985年，我在北京大学教授了中国哲学系

儒家哲学的课程。我第一次上课就先问我的同学，说儒家的思想是为己，还是为人？绝大多数北大的同学，包括研究生都说，当然是为人，为人民服务，儒家是为人之学。我说这与《论语》里面说的正好相反，《论语》里讲得非常清楚，儒家是为己之学，求学不是为了师长，不是为了家庭，不是为了简单的社会要求，而是为了发展我们自己的人格，为了发展我们自己的内在的人格资源，是为己之学。[1]

所以孔子是在批判"今之学者"，认为修养自己才是求学的本质目的，而非一心想要炫耀。[2]内生性的目的，从自我出发的目的，回归自由之学的目的是不可放弃的第一目的。

第二段话则是来自弗里德曼的《世界是平的》。他在这本书中特别地强调了兴趣的现实意义：

> 20世纪，机器证明它们可以取代人类臂力。21世纪，科技证明机器可以比人类左脑表现更好——它们可以比拥有最高智商的人更好、更快、更精确地完成排序、简化和计算工作。（国际象棋

---

[1] 杜维明："儒家的人文精神与文明对话"，http://guoxue.ifeng.com/a/20150714/44165292_0.shtml，2018年1月16日访问。
[2] 傅佩荣：《傅佩荣细说论语》，上海：上海三联书店2009年版，第312页。

大师加里·卡斯帕罗夫〔Garry Kasparov〕就曾在和计算机的象棋对决中败下阵来）……为了能在这个时代更好地生存下去，我们需要用"高概念"（high concept）和"高接触"（high touch）的天资来补充已经相当发达的高科技。高概念包括创造艺术美和情感美的能力，发现特点和机会的能力，撰写令人满意的叙述文的能力和创造发明的能力；高接触包括换位思考的能力，理解人类交往精妙之处的能力，寻找自身快乐和给别人带来快乐的能力，以及在探求目标和意义的过程中超出日常范围的能力。培养这种高概念、高接触的能力对任何人来说都绝非易事。在一些人看来，这似乎是不可能达到的目标。其实根本不用担心（或者至少不必那么担心）。这些最重要的能力基本上都是人类特有的品质。在南美的大草原上，住在洞穴里的人类祖先并不知道怎样将数字填入电子数据表，也不会排除程序代码中的错误。但他们却在讲述故事，进行换位思考和从事发明创造。这些能力一直都是人类本性的一部分。只不过在进入信息时代后，我们的很多高概念、高接触的本性都已经像肌肉一样萎缩了。现在的挑战是将它们恢复原状……现在来看，最重要的能力往往体现为人们出于内在动机所做的事情。很少有人在内在动力的推动下成为会计师，但这种动力却是推动人们成为创造者、换位思考者、设计师、讲故事者、律师和咨询师的关键因素。周末会有会计师在车库里画水彩画,会有律师写电影剧本。但我可以担保,不会有雕刻家周末从给别人计算税收中取乐。换句话说,人们出于爱好所做的事情和出于经济利益所做的事情之间的重合之处越来越多。平克因此得出结论称,当你听到父母或大学毕业典礼上的演讲者告诉你"去做你热爱的事情"时,他们并不是故意讨你欢心,他们是在教给你生存战略。[1]

---

[1] [美] 托马斯·弗里德曼:《世界是平的》,何帆、肖莹莹、郝正非译,长沙:湖南科学技术出版社2006年版,第270—271页。

第七章 好问题是具有理论意义的问题

我们前面说了真问题,现在我们来讨论什么是一个好问题。在学术界,确实有学者认为真问题,被蓬勃的内心点燃、被直面的现实牵引的问题这一个要求是不足够的,他们认为个人原因不能成为某问题具有研究正当性的充分理由,甚至不应该出现在研究作品中[1]。所以,除了真问题,我们提出第二个标准/要求,叫作好问题:好问题是具有理论意义的问题。那这里自然涉及

---

[1] Gary King, Robert Keohane and Sidney Berba, *Designing Social Inquiry: Scientific Inference in Qualitative Research* (Princeton, N.J.: Princeton University Press, 1994), p.15.

什么是理论。理论是指：第一，能阐释事物深层的因果机理的有效叙述；第二，能解释相当一部分的客观事实。爱德华·威尔逊曾通过解说博物学清楚地表述过理论的意涵：

> 如果说博物学是所有科学的基础，那它为什么还称不上理论？主要原因是，少有人在解释现象时，会贯通相邻组织层次的因果网络。我们的分析是侧项进行而不是垂直进行的。在巴厘岛的例子中，博物学跨越广泛的文化内涵，但不是由大脑进到心灵再到文化，它也涉及许多不同的鸟类，但不是有单独的鸟类个体进到物种再到生态系统。只有当博物学跨越各组织层次，把既存的最佳知识串联之后，才可能产生科学理论。博物学者能够提出具有竞争性并且可验证的假设来解释跨越不同层次的所有可能现象时，才可能创造出严谨的科学理论。如果社会科学家和自然科学家一样，选定以严谨的理论作为终极目标，那么他们的成功就要视他们能穿越多大的时空范围而定。[1]

把以上论述换一种通俗的理解——所谓理论，就是这样一种知识：It can explain things here, it can

---

[1] [美] 爱德华·威尔逊：《知识大融通：21世纪的科学与人文》，梁锦鋆译，北京：中信出版社 2016 年版，第 266 页。

explain things there. 它不仅仅就事论事，而是能够"事不同理同"，它能洞穿时空的限制，在不同情境中都能适用，都具有解释力。例如，我们看到一个现象，就是很多人不仅仅喜欢把人分类，还喜欢把自己分类：士农工商、三教九流。我们看到一些在大企业工作的大学生愿意携带和显示自己的公司 logo，强化自己的归属印象。这是我们在局部经验世界中发现的状况。而理论则是类似这样的说明：

> 心理学家 Henri Tajfel 和 John Turner 在20世纪七八十年代提供了好几个相关的理论，都与这个现象有密切的关系。首先，自我分组理论（self-categorization theory）指出人都有把其他的人分成不同组别的倾向。分组的目的不单是说甲是美国人、乙是中国人这么简单。在这个分组过程中，我们会自动地把一些人视为"圈内人"（与我同组的），另外一些看成是"圈外人"（非我族类的）。在这个分类过程中，一般圈内人都可以增强自我……与社会分组理论同时产生的可能是认同理论（identification theory）的现象。我们不单会把身边的人分为圈内人、圈外人，我们同时也对圈内的"自己人"产生很强的认同。所谓"认同"，就是心理上觉得我们是同一类，在分类的特征上极为相似

(如我们都是有教养的人)。[1]

我们应该不难看到,对现象的发现及理解是局部的,在特定时空中附着于具体的经验事实。但理论则可以超脱这种具体的经验事实,从而覆盖和解释相当一部分经验事实,因为它把握的乃是事物的深层机理。

再以我自己的专业"冲突解决"为例子来说明吧。假如今天你和你妈妈发生了不愉快。白天妈妈给你打电话,你由于特别忙一直没接。下班后到家已经是晚上了,今天你非常疲劳。晚上你妈妈再次打电话过来,于是你们在通话中产生了口角,最终不欢而散。之后你打开手机开始听久违的广播。你记得自己中学时候,晚上一般会有深夜夜谈的节目,帮助听众化解人生的不愉快。今天打开广播发现居然还有这档久违的节目,于是你拨通了夜谈节目的电话想要发发牢骚。电台的知心大姐和你聊天之后,真的将你劝慰了,她帮你分析局势、情况、细节,她帮你分析你妈妈的心理、焦虑、难处。挂了电话,你心情好了很多。但是——这个是理论吗?不是,因为它是情境性的,她解决的是你的问题,这个互动的过程产生了对于你,对于你提到之具体局势的具体对策或咨询意见,而没有产生理论。但如果你去问冲突解决专家,专家会说你单方面提供的素材太有限了,

---

[1] 罗胜强、姜嬿:《管理学问卷调查研究方法》,重庆:重庆大学出版社2014年版,第24页。

如果要真正解决纷争，形成宽谅的和解，我需要你和妈妈都在现场。虽然没有办法帮你解决困扰或纠纷，但我有一个规律性的意见可以提供给你以作参考，那便是能量与情绪的关系。因为人对情绪的把控是要消耗大量能量的。大脑占人体重的2%左右，大脑消耗人体每天能量的20%以上，所以大脑非常耗能。而对情绪的控制又是特别消耗大脑能量的其中一种状况[1]。因此，如果你今晚很累了，回到家，你妈妈也很累了，你们两人就比较容易在对话中擦枪走火——不是恨，而是累。所以，我们可以得出两个小结论：第一，不要在疲劳的时候和重要的人发生沟通；第二，如果一定要在疲惫的时候见重要的人，请你为自己或对方补充能量，比如见面前吃一些甜食。冲突解决专家提供的理论和知心大姐的解答最大的差别是：理论可以离开你与你母亲发生口角争议的这个具体情景。这里得出的相关结论你可以运用在任何重要的对话场合，与你对话的人可以是任何人——家人、朋友、师长、老板、同学或同事。整个叙述系统能够脱离具体情境的限制，才能称为理论。一个好的问题，一定要多少具备这种思智延展的力量，它能超越具体时空限制，超越具体情势细节，从而能够对一个"类存在"产生解释力。这样的问题，这样的问题思

---

[1] 熊浩：《熊浩的冲突解决课：谈判》，北京：法律出版社2017年版，第193—195页。

考才不是就事论事的，不是"头痛医头、脚痛医脚"，而可能"举一反三""闻一知十"。所以，你可以没有理论创造的能力，但要有基本的理论觉知。

再举一个例子，克利福德·格尔茨在《文化的解释》一书中的名篇"深层的游戏：关于巴厘岛斗鸡的记述"[1]（以下简称"斗鸡"）。这篇文章是20世纪70年代的作品，被引用的频次非常高。在法学中常被使用的一个重要概念local knowledge（地方性知识），就是源自吉尔茨的这本《文化的解释》。"斗鸡"这篇文章是写巴厘岛上斗鸡的民间群众活动，但世界上其他地方可能没有斗鸡，即使有也不是具有普遍意义或经常出现的社会活动，难道这篇文章研究的东西就没有普遍意义吗？类似地，人类学家们走到一个偏僻的村子中，和我们现实生活中的场景并无重叠，他在这个村子中发现的知识对我可能没有任何直接的帮助。但这篇"斗鸡"的文章之所以成为经典，并非是选题本身的意义——因为这个议题本身对于不研究民俗或人类学的人们没有直接价值，绝大部分的人都不会喜欢斗鸡，但它在另外一个地方创造了一个突破时空窄门的可能。就是这篇文章所开启的一种特殊的研究方法，这个方法是"深描"。这

---

[1]［美］克利福德·格尔茨："深层的游戏：关于巴厘岛斗鸡的记述"，《文化的解释》，纳日碧力戈等译，上海：上海人民出版社1999年版，第471页。本书英文版在Google Scholar上的引用数超过5万次。

种方法认为,我们看到的文化(人类学以体质和文化为其研究的两大主题)是一系列复杂事实的集合。我们如何保证我们对文化的理解就是"那个文化"呢?你去云南做调查,你和白族的同学们在一起聊天,你怎么知道你调查获得的就是白族的文化,而不是你眼中看到的白族的文化或者调查对象为你呈现的假象呢?他者和文化的持有者眼睛看到的、介入的那个文化怎么保证是同一个活态文化呢?你如何保证你所看到巴厘岛上的斗鸡文化不是在你脑中建构出来的文化呢?

网络漫画:人类学家来了!

我们再看"斗鸡",这篇文章几乎事无巨细地对他们进入的田野现场进行刻画:格尔茨与他太太第一次看斗鸡被警察追跑,然后他们到一个普通的当地人家里坐下来，假装和当地人在喝茶，警察进来看到两个白人在喝茶就走掉了，等等。这些东西看起来和斗鸡没有关系，但格尔茨认为，这是给这个文化提供了更多的基本诠释的语境（context）。要让读者知道是在怎样的情况下见到了谁，然后才介入到那个文化当中去的。这些携带的信息才让我们能更好地去理解其对象，像是小小的刀锋一点点去拆解我们想要理解的对象。给出这些信息才让读者明白我们是在何种情景下去解释那个对象，我们解释世界的那个 text 到底嵌入了何种上下文的 context——这就叫深描。深描和传统的人类学文本最大的差别是田野几乎是在抵达的时候就开始了，不需要遇到我真正调查的那个问题才开始研究，一切都是帮助我们解释那个对象以及解释"解释"过程的 context，一切也是构成读者理解我是如何解释的 context。所以这个方法不仅仅用在巴厘岛的斗鸡中，它基本上革新了我们质性地发掘真实案例的方式，正是这种叙述和阐释方法的创新，让"斗鸡"成为永恒经典。

我自己也做过"深描"的理论学习与田野实践。我在法院中调查就并不急着去记录争诉，而是与法院的法官同吃同住同劳动。今天法院有没有大的官司，有没有戏剧性的冲突并不重要，因为身边发生的一切对我来说都是素材。在我的论文当中我花了时间来写法官如何吃饭、如何相处、如何沟通，乃至如何社交。按道理说，中国的司法制度和吃饭怎么会有关系呢？但法院与镇政府共用同一个食堂。法院没有财力建设自己的食堂，这意味着法院和政府官员每天在一起吃饭，他们没事的时候分享工作的见闻，那么人就不独立了，司法如何独立？[1]这就是深描，找到问题的大语境，这将更好地帮助我们理解精微细腻的现实生活。司法在文化中四溢，在生活中体现，这种发现也许比白纸黑字的法律条文更具有质感。不需要看到官方的文件，而是关心法官们聊些什么，人际之间的融合度到何种程度，这些也许比那些文件重要得多，也真实得多——这就叫深描。所以你完全可以没有直接的问答和访谈，但你已经找到了真实的答案。而这种方法，一定只能用于研究"斗鸡"吗？当然不是，它的观念和方法可以帮助我们研究社会、研究政治、研究司法、研究传媒、研究一个公司为什么成功、深入而准确地理解社会语境中的人。如果一篇文章在人类历史上是不朽的，一定是其创造了"事不同理同"的理论价值。即使它主要叙述的不是一个典型事件，它也在另外一个地方创造了穿透时空限制的普范性的价值。之所以具有普范的意义，并非是在于这样的仪式能在世界其他地方广泛地存在，不是因为此处的典仪最大限

---

[1] See Xiong Hao, "The Two Sides of the Court Mediation in Today's Southwest Grassroots China: An Empirical Study in T Court, Yunnan Province"（2014）1（2）*Asian Journal of Law and Society*.

度地包括或凸显了这种广泛现象的共性特征（这是"典型个案"的拓展方法），亦不是通过某种范畴提炼塑造一个韦伯所谓的"理想范型"，而是说透过"深描"，我们看到了一个文化如何真实地呈现为一个复合性的集合体，因为我们在方法而非概念的意义上，可以更好地把握流动的文化，更好地理解生活的"存在"状态。

Gabriel 在 2008 年的论文中对这个问题进行了非常细致的梳理[1]。笔者在 Gabriel 文章的基础上再加以凝炼，概括出几种对"'理论'是什么"的理解。第一个层次的理论是哲思性理论（philosophical theory），这些理论建构在对本体论问题深刻的洞察基础上，从而成为人类认识世界的宏观视域、基本范式，它们为人类介入现实世界提供智识上的方向与可能性，哲思性理论包括了东西方最重要的思想大师们的论述，无论是从轴心时代还是到当代世界。这些理论往往构成我们进行具体论述时的隐性前提、价值偏好和演绎起点，它们往往以元问题和终极问题，作为它们的基本观照。第二个层次上的理论是普范性理论（generalized theory），这种理论受到自然科学思维非常明确的影响。当我们说这是一个普范性理论，就意味着我们可以使用这些理论解释"类"乃至"系统"问题。普范性理论能够解释事物因

---

[1] See Gabriel Abend，"The Meaning of 'Theory'"（2008）26（2）*Sociological Theory*.

果的深层机制，它是普遍的、逻辑自洽的、可以证伪的，在大概率的意义上普遍有效。在自然科学和社会科学领域，这是学者们一般采用的对理论的理解，例如理性选择理论、社会嵌入理论、博弈论等。第三个层次上的理论是指解释性理论（interpretative theory），这种理论无法架构起对事物之间的因果关系的广义理解，而是对现象加以说明。它说明的对象是机制（mechanism），而不是因果。这种理论普范性有限，它们希望提供对复杂的社会问题的有效理解。很多质化研究建立起来的分析框架或机制解释，就属于这种类型。

我们做理论研究，主要有如下理由。第一个理由是为了展示。特别是在撰写学位论文的过程中，引用经典理论可以展示研究者的勤奋、懂行和知识积累的水平。这其实是一个不成理由的理由。之所以说不成理由，是因为这个理由所描述的状态是一种"表演"，是一种学术孔雀在开屏；之所以构成一个理由，则是因为这种"展示"在学术工作中是重要的、奏效的。第二个理由是通过介入理论问题，研究者可以标定出自己的目标——社会现象的解释和理论介入方位是多元的，同样是基层法院研究，同样的基层事实，学者们可以将它理解为基层政治问题、社会网络问题、法官素养和行动策略问题，当然，也可以是制度设计问题，不一而足。受不同学术训练、有不同理论关怀的学者，可以在不同的维度介入他们研究的同一个现实问题。因此，对理论的交代、对理论的介入构成了研究者对研究目标的标定——基于事实，你到底想研究什么，你到底想贡献什么。也正是因为这样，理论介入是研究的基础。第三个理由是为了有效的知识生产。多数人对你触碰的经验事实与社会状况缺乏兴趣，然而一旦你具有理论意识，一旦你试图介入理论，你的研究也就与他人发生了关联。如我们前面所提到的，所谓理论是一套解释系统，虽然哲思性理论、普范性理论和解释性理论的解释力是有差别的，但有一点是明确的，就是它们都不仅仅"就事论事"；它们希望旁涉其他。如果我们借用"树木-森林"的类比，即使是个案研究亦需要理论意义的伸张，即从树木得窥森林。如果无法从树木普范化为森林，在理论意义上，我们也应该期待这是一棵"森林中的树"，它与环境链接，它与周遭牵连，它与其他关涉，即使你研究的就是这棵树，它在某种意义上也不仅仅只是一棵树，而是环境中的树。所以，理论就是和其他研究者的关系中介，理论意义就是和理论发生关系的意义，就是研究对其他学者的意义。

至于法学研究，理论中心与问题中心作为两种主要研究路径，陈瑞华教授曾作出过精当的归纳[1]。他认

---

[1] 值得一提的是，在当代中国的法学研究中，尚未将教义研究（doctrinal study）、规范研究（normative study）、经验研究（empirical study）以及阐释研究（interpretative study）有效而细致地区分开来，从而导致了研究目标、方法和用语系统的混乱。

为，当代中国法学的研究路径大致可以分为三种：第一是"以西方理论和制度为中心的法学研究"，这是一个方法集成，是大多数法学所持有的一种基本方法论。这种路径"注重对西方理论的逻辑演绎和展开，但却忽视了对中国问题的独立思考，不考虑中国问题的独立性和独特性"。[1]由于真实问题意识的空洞化，这种研究有可能沦为一种本本主义的教科书法学，激化实务界与理论界的不必要紧张，成为"可以惊四座，不可以行一步"的西方政法神学。第二种路径是"以中国本土问题为中心的法学研究"。这种路径有着明晰的本土关怀与问题意识，但往往仅仅注重经验与问题，而忽略对理论的提炼与概括。由于理论原则高度的匮乏，以中国本土问题为中心的法学研究会变成对策问题的附庸。[2]基于这样的现实，陈瑞华教授认为应该采取"从经验到理论的法学研究"，以弥补上述两种范式的不足。[3]这样一个对中国当代法学研究方式的归纳，正是我们所强调的所有研究其"问题意识"与"理论意识"应该充分结合的明证，是"真问题"与"好问题"两个重要要求在某种程度上的结合。

---

[1] 陈瑞华：《论法学研究方法》，北京：法律出版社 2017 年版，第 241 页。
[2] 同上书，第 254—255 页。
[3] 同上书，第 257—259 页。

第八章 所有理论都具有时空限定

所有理论都受到时空的限制。举个很简单的例子,传统西方民主的研究认为,"民主"跟"回应性"有正相关关系。什么意思呢?就是指这个国家的政府如果是由老百姓自己选出来的话,老百姓如果有什么需要,政府就会回应和满足。这个机制不难理解,因为民选政府对公众有所忌惮,要增进自己的优质表现,就必须对民众诉求有所回应。有深层机理,有经验事实,这就是一个理论。但这个理论到中国就崩溃了。按照唐文方教授的研究,中国具有巨大的体量,把中国加入这个理论模型,这个相关关系就不存在了。因为中国没有西方式的所谓

"民主",但中国政府却具有高度回应性。所以,这个理论的适用边界就在此时出现了。而对于这个 What happened 的"中国问题",则需要新的研究介入和理论创新。

我们也许或多或少听过关于"中国问题"或"中国模式"的争论。撇开其中的意识形态问题不谈,中国确实为世界学术界提出了新的智识挑战和理论谜题。

> 理解中国是非常困难的,不能按照各种流行的看法来理解中国。从西方的角度来说,21世纪最大的问题是中国。中国对西方是一个问题,因为西方统治全世界已经数百年,以西方为主形成的这个世界有一套他们的规范和程序,现在中国似乎像一个突然闯进来的人,导致整体体系都在摇荡。[1]

发展广义理论也许是困难的,而且即使发展出来,理论也不一定永远周全,但我们不必为此感到难过。正是由于过往理论的不足,正是因为学术接力的现实可能性,我们在发现理论限度的同时,也就获得了理论革新和理论创造的契机。这让我们想到了卡尔·波普尔关于证伪的观念。按照波普尔的观点,科学知识的增长是一个显著的过程,科学似乎不能是真的或真理,而只能是一种猜测和假说。波普尔特别强调经验科学应该服从一

---

[1] 甘阳:《通三统》,北京:生活·读书·新知三联书店2007年版,第8—9页。

种证伪主义，能被"证伪"甚至构成了科学和伪科学的界限。所有的理论都会，或者都期待自己是一种普范的全称判断，而经验现象总是千差万别的，因此无论是多么强大的理论都必然面对具体时空的限制和挑战。因为在本质上，时空限定是人作为一种社会和历史性存在的限定，是一种人的限度问题。面对这种现实我们不用悲观，因为这使得我们对理论抱持的是一种知识的态度，而不是真理的态度。而这种知识的态度也同时使得我们有可能投入到知识进步、推进、创生的努力之中，而不是肆意地宣布"历史终结"或"理论终结"。对此，邓正来教授精辟地总结道：

> 我们所研究的只能是知识，而不是放之四海的普世真理。这样的真理只需要信奉，因为它只源于上帝。我们所研究的知识的最大特点就在于它有限度，这也是它最大的内在规定性。限度便意味着批判的可能性，以及批判的必然性。因此，我们每个学习和研究知识的人，遇到别人批判你的观点或你去批判别人的观点，都是一件非常正确的事情，因为这恰好说明你是在进行知识研究。[1]

那么，有没有理论可以突破时空的限制，所谓放之

---

[1] 邓正来：《三一集：邓正来学术文化随笔》，北京：中国政法大学出版社2012年版，第91页。

四海而皆准呢？有，就是宗教。所有的神学都要突破时空的墙。如果我们阅读英文版《圣经》，凡是上帝说的话都要大写——Truth，T大写。上帝所言，不是知识，而是终极真相。上帝和罗天诸神，皆全知全能全善，这里的"全"其实就是不受任何时空限制的意涵。神之知，神之能，神之善，不会说到了极寒之地就失效了吧？不会说进到华人世界就失灵了吧？若是如此，那上帝还如何成其为上帝呢？那么上帝是怎么突破这个时空的墙的呢？如果把《圣经》看作理论的话，用我们刚才说明的关于"理论"的定义："第一个要阐述事物深层的因果机理；第二个是要覆盖相当一部分客观事实。"如果《圣经》的理论与实证科学相违背呢？信众们往往用超验而非经验的方式回应。第一，《圣经》的意义、正确性，不在于它的科学的依据，否则神就被下降成了科学。第二，现在考验你的时候不就来了吗——你愿不愿意站起来跳过去，放低自己，拥抱信仰？因为如果上帝跟所有人的认知，与所谓人的"科学"居然只是完全一致，上帝就不是上帝，上帝不过是一个更高明的学者。上帝就是跟你不一致，跟人类不一致，这不是很正常吗？现在就是看你承不承认你是人，而上帝是神。所以需要你来完成信仰的一跃，跳脱成见的捆绑，变成一个虔诚的基督徒。因信称义、信仰一跃、人神之别——这些先验的讨论，都可以维护《圣经》之理论系统的周延。因为在本质上,信仰是无法证伪的,它不是科学的范畴,它不是一种有待证伪的理论,乃是一种被信仰的真理。所以,求知的核心精神是"疑",而信仰的核心精神是"信"。关于如何"怀疑",我们在后面谈到"批判性思维"的时候会跟大家说明。

第九章 理论的意义：节省认知成本

那么，为什么要学习理论，乃至创造理论呢？理论最大的意义，其实就是帮助我们节省认知的成本。中国人讲"事不同而理同"，这就是节省你认知的成本。否则事事都有各自道理的话，认知将会无休无止。

吉登斯在他的《社会学》的第四章"社会学中的理论思维"中，提出了社会学的根本问题，他认为只有四个根本问题，分别是结构与能动、共识与冲突、性别以及现代社会的塑造。[1] 也就是说整个《社会学》这本

---

[1] [英] 安东尼·吉登斯：《社会学》（第五版），李康译，北京：北京大学出版社 2009 年版，第 82 页。

书,乃至社会学这个学科,本质上就讨论这四个大的问题。这些元问题是地图、是星辰、是灯塔、是航标,其他的具体知识构成元问题展开的细节与界面。所以,你如果对元问题有所理解,即把握和吸纳了一些学科的基本认知框架的话,它会大大帮助你节省认知成本。例如结构与能动,这几乎是社会科学最重要的一组对立范畴。何谓"结构"?就是外在于人的限制性力量。涂尔干对此解释道:

> 当我尽自己作为一名兄弟、丈夫或公民的职责,实施我所订立的承诺时,我是在履行法律和风俗所规定的义务。这种义务存在于我自己和我的行为之外……与此类似,信徒自出生就发现社会上早就有了他这种宗教生活的信仰和仪轨;如果说它们是在信徒之前就存在着的,也就是说存在于信徒个人之外。我用于表达思维的符号系统,用于结算债务的货币制度,用于商业往来的信贷手段,以及从事职业活动的规范,诸如此类,都是不受我利用它们的方式影响的功能。[1]

所以,外在于我们但对我们有强大束缚影响乃至形塑力量的外部因素就叫结构。那这个世界到底是由外部

---

[1] [英] 安东尼·吉登斯:《社会学》(第五版),李康译,北京:北京大学出版社 2009 年版,第 84 页。

决定（结构）还是自我决定（能动）的呢？其实任何一个选择无非体现了一种底层偏好。你如果想要购买学区房，你就是个结构主义者，因为你认为孩子的教育环境决定他的成败；你如果相信文化决定、中国国情、历史惯性、地缘政治、路径依赖，你便在某种程度上信奉或相信结构主义的基本主张。而所谓能动，它的意思则正好相反，它不强调外部环境对人的束缚、形塑、建构、支配，而强调自我：自我的自由、自我的奋斗、自我的决定。能动是指人类的主观能动，认为主体自由才是解释世界的本质主张。你如果是个能动主义者，你就不会去选择学区房，因为你相信成绩的好坏关键在于人的奋斗——"世上无难事，只要肯登攀"；"天行健，君子以自强不息"；"心有多大，舞台就有多大"；"在绝望中寻找希望，人生终将辉煌"；American Dream，Just do it，Yes, we can；存在主义论述，自由主义浪漫，人本主义关怀，所有不屈的奋斗，所以"明知不可为而为之"的固执，所有永不放弃的坚守，这些激发人之本质力量的动人画面都是能动理论的化身。理解这些元问题，就能理解它们可以自圆其说地建构起不同的解释系统和理论构架，就能理解这其中并没有对错之别，更多是解释世界角度的选择偏好。于是可以"择其善者而从之"。理论，可以帮助我们化零为整，将杂多综合认知，有效梳理，宏观洞察，从而减少逐个认知细碎的成本与负荷。

所以，我不赞同"认知升级"这个概念，认知升级本质上是一个强调知识永恒累进的概念，这样的做法往往会继续陷落于知识焦虑。在知识面前，人人所知都是局部，都是有限的，毕竟人无完人。庄子所谓："吾生也有涯，而知也无涯。以有涯随无涯，殆已！"知识永远都在急速地更新，理论永远在不断积累，如果赶上了才能获得知识的安顿感和安全感，那最后定是悲剧的结局。你其实没有必要知道那么多，而是应该降低认知负荷，提升认知水准。也许你知道什么比知道得更多更重要。如果你不是去"认知升级"，而是去"认知还原"，那么，你就会发现这个时代万法归宗，几个基本的元问题，先有宏观把握，再有具体介入。这样，你才不会对这个时代的变动太过困扰。我们把抽象讨论转回现实生活。如果你到一家书店，其中有不同的企业家写的不同的书，有的人教你"抓大放小"，less is more——例如宝洁。宝洁的文化叫"one piece of paper policy"，就是下级跟上级汇报，一张 A4 纸必须把所有内容写完，写不完的、写不进去的说明不重要。但你看另一些书，你发现另一种管理哲学叫"事无巨细"，领导需要知道战场前沿，否则信息会在科层的传递中消失，最终使得老板成为了"最后一个知道这个企业要倒闭的人"。所以，一个叫"抓大放小"，一个叫"事无巨细"，它们相互对立，究竟哪个对，你可能混乱而犹疑。但若从元认知出发，这就是两种不同的管理哲学的对立，它们自圆其说，同时成立。你要决定的不是对错，而是恰当局势中的偏好选择。是的，关键词就是"偏好"。了解最本质的理论偏好，这样思想便可如太极，而不是拳风犀利、动作快速的咏春。这会让我们想起《了不起的盖茨比》里的一句名言："同时保有两种截然相反的观念，乃能正常行事，这是一流智慧的标志。"大物理学家尼尔斯·玻尔则说过："一个真理和一个很深的真理是不一样的：一个真理是对的，真理的反面是错的；一个很深的真理是对的，很深真理的反面也是对的。"

第十章 用途与方向

日常教学中,当同学学到一个新知识、新观念、新认知,他会问这有什么用,那有什么用。我一般不会为这样的提问感到不悦,因为在本质上,他可能并没有意识到,他其实问了一个非常好的问题。他其实是在问:老师你教的这个是理论吗?这是他问题的本质。如果我们讲授的是一个优质的理论,而不是概念、细目、修辞,不是情景、对策、技巧,它才有可能穿透时空的墙,在各种不同场景中被运用。我们提到的研究巴厘岛上斗鸡的方法"深描",我们提到的结构主义与主观能动的洞见,便是希望用理论来区隔"就事论事"的思考，让我们不被辖制在具体问题的情景性场域之中，让我们不仅仅做对策研究，而且能进行理论思考。如果这种"有用"指向一种对理论的诉求，期待能够"举一反三"、能够"闻一知十"，到最后能够"一以贯之"地"有用"，从而告别"头痛医头、脚痛医脚"的应对，清楚地意识到这种对策性的思考虽然有用，它的用处也是有限的、暂时的、局部的。而理论的思考才会是融贯的、系统的、开阔的，让我们看得更远，走得更远。

例如，在劳资冲突解决情景下，有的人只能完成就事论事的对策处置，安顿好员工，平复好关系。但具有"理论意识"的人，会思考为什么会出现这种问题，有没有可能在未来通过某种制度安排，来规避"类似状况"。我们在传统语境下理解纠纷或冲突，往往是将之看成一个负面概念，是一个个人和社会资本被耗散的对抗过程，是一种令人厌倦、不安和感到不悦的状态，是一种紧张。但现代冲突理论为这个问题提供了一些新鲜的视角。诚然，纠纷的处置不当确实会导致资源的耗散，但同时，纠纷也提供了一些新的立场，让我们有可能真正洞见催生这种冲突的管理、人际、制度、文化、环境和社会原因。与冲突的负面效应同时存在的，是一个反身性的立场，是一个对催生冲突的结构性因素进行自省与变革的可能性——"到底是哪里出现了问题，以至于我们出现了冲突？"是产权关系的不明确？是制度规范的太滞后？是团队建设的小瑕疵？有寻租行为钻漏洞？是沟通管道的不畅通？还是其他具体原因？所以，当冲突产生，解决之道应该是站在一个大立场，重新观照冲突产生的机制、脉络和源流，并由此发现一个建设性的视角。理解冲突，不能将之仅仅理解为一种负面资产，还应该将之理解为一种变革和自我反省的闪耀契机。"对于社会发展而言，纠纷具有一定的积极意义，纠纷作为新的利益、观念和行为方式与既定秩序冲突的体现，在一定条件下，不仅是权利和法律生成和发展的契机，甚至可能成为社会变革的先导或动力。"[1] 真正有效的观念不是"消灭对抗"，而是"转化冲突"，即将冲突转化为一种正向的机制，成为一种催化剂，用以积极地改善个体、群体关系，促进变革，推动社会结构的深刻与正向的变化。[2]

根据制度经济学的观点，即使是私人纠纷都有可能产生"外部性"[3]。所谓"外部性"（externality）就是当事人的交易和决策行为的（包括谈判）最后的结果或影响会涉及第三方或公众。这样的影响可能是积极的（positive externality），也可能是消极的（negative

---

[1] 范愉、李浩：《纠纷解决——理论、制度与技能》，北京：清华大学出版社2010年版，第12页。
[2] [美] 罗纳德·S. 克雷比尔等：《冲突调解的技巧（上册）：调解人手册》，魏可钦、何钢译，南京：南京大学出版社2011年版，第8页。
[3] Andrew T. Guzman, "Arbitrator Liability: Reconciling Arbitration and Mandatory Rules" (2000) 49 *Duke Law Journal*.

externality），而非诉讼的纠纷解决过程也被证明会产生外部性。[1] 例如，当我们在谈判时，我们不应仅仅关注冲突的内部消化，而要在外部性的意义上洞见谈判的多元面向，延伸和理解谈判可能带来的不仅仅是当事人之间的定纷止争，而且也是制度和外部环境进步的机会，即产生积极的外部性。唯此，我们才能真正开始把纠纷视为一个可以进一步挖掘的矿藏，将纠纷可能折射的问题予以正面应对。如果思考能进行到这个程度，一个个案的处理就变成了为未来无数个案所做的预防，一个冲突的化解就具有了不限于此情此景、超越涉事当事人各方的溢出价值，这个价值可以使得未来类似冲突的解决更为有效和妥当。这在本质上，就是一种理论性的安排，是一种理论性的思维，是一种不满足于对策，即"就事论事"的整全思考，这种具有理论意义的思考——虽然它可能不是理论，思考的也不是理论问题——可以产生一种由表及里、举一反三的大用途。

对于一般人来说，出于散心、求知、好奇或打发时间的目的，阅读并不需要设定边界和目标，可以"好读书不求甚解"，以维持阅读的兴趣为第一。而作为学习者，仍旧可以普遍撒网，广泛涉猎，以建构一个立体、全面的知识系统作为其基本要求。在这个阶段，将读书

---

[1] See James A. Wall and Timothy C. Dunne, "Mediation Research: A Current Review" (2012) April *Negotiation Journal*.

作为一种习惯有效养成比读某本书重要得多。但到了研究阶段，读书的原则则是"无问题，不阅读"。例如，最近经济学很热门，或者任何一个领域的主题很热门，如果你不是想了解资讯而是要以研究者的身份介入其中，请先问问自己：这是个真问题吗？你遭遇了什么？你可以用"Morris清单"去检视一下自己，你兴奋吗？你被冒犯到了吗？你疼痛吗？你想教世界一些新东西吗？你介入一场争论想产生一个新的观点吗？如果都没有，那这不过又是一阵流行的风潮对你的建构。这个议题至少对你而言，就不是一个真问题。如果你由衷地觉得经济学重要，那么一定可以翻转出你的生命事实，一定能够在生命的体验中告诉我你之所以这样想的一个确实的依据，也就会跟随自己的内生动力和外在判断对问题进行深入研究。

一旦你被真实的问题牵引，被具有理论意义的问题照耀，你就会以知识"建构者"的角色更为高效地进行问题研究和知识学习，在这个过程你将更容易克服遗忘。例如，你想要了解宋代历史，于是找《宋史》来阅览，这一定是一个非常艰苦的阅读过程，所谓"皓首穷经"。这样的研习体验甚至会让你怀疑最初的目标：为什么要去阅读《宋史》？但如果你被一个问题清楚地引领，比如"岳飞为什么会被冤死？"你也会开始对《宋史》的阅读，但你不需要把《宋史》读完，你也许会跳跃式地阅读，了解宋代的帝制、官制、兵制、两宋交会时期的历史情势，你会在《宋史》的不同部分间跳跃。所以，与其说你是在阅读，不如说是在问题的牵引下寻觅答案。你的阅读书目会超越史书，会去涉猎一些研究专著，甚至跨越朝代进行一些有益的对照比较，最终找到自己需要的信息，得出属于自己的答案。正如采铜所说：

> 因为我们不仅仅在学习知识，我们还在"建构答案"，在努力回答问题的过程中，我们筛选、评判和整合新知识和旧知识，并把它们融汇成一个自洽的整体；一个好的问题，让我们成为"探索者"，主动地去探求未知的领域，拓宽"未知的未知"的边界，而不是仅仅满足于对现成的、边界明晰的知识的掌握；一个好的问题，让我们成为一个"猎手"，知识是我们主动去侦查、寻觅、狩猎的猎物，而不是我们战战兢兢供奉着的或者亦步亦趋跟随着的对象。在问题引导下的学习最大特点是，它所希求的知识是没有边界的，为了找到问题的解，我们可能会寻访任何可能的线索，查阅任何有益的资料，而不受既定观点的束缚。[1]

---

[1] 采铜：《精进：如何成为一个很厉害的人》，南京：江苏凤凰文艺出版社 2016 年版，第 122—123 页。

第二部分

有 效 论 证

ARGUMENT

第十一章 明确的议题

当问题明晰后,研究就进入了论证。我们不是学习逻辑学,所以并不在形式逻辑层面对证明问题做展开,而是在观念层面想要帮助大家厘清一些基础观念,避免论证过程混沌不清。我们想要澄清的第一个观念是"议题"。在解释这个观念之前,我们不妨先来阅读一段材料:

> 蓦然回首,我们的社会已经进入了"观点的社会",无需引用太多西方社会学家的论点,通俗地解释一下,就是对越来越多的城市人而言,社会不再仅仅是小社区、小圈子内的生老病死,而是各种传言、图像、展示的流通和接受,是各种虚拟世界中

的争论、"惊现"和"围观"。过去的文化倾向于"信""述而不作",至多是为圣人"代言",而如今的文化特点则是有了极大的改变。二十多岁的人依然在读书,可是这代人的特点是倾向于"不信"——并不是出于启蒙理性的"不信",而是出于无所信的"不信",这使得在这种氛围下建立起来的"文化"品质打了折扣。具有讽刺意味的是,即使是对于那些高度"不信"的个体,也必须靠群体的声音来肯定自己的价值,从而实现"一起孤独"的目标。对于高度依赖网络的言说而言,越是非理性的,越带有"批判性"的言论,就越容易获得大众的首肯,如同某些社交网站的内核设计,是和广告一样靠流量来推动的。在此,"知识"的肯定不在于那些近于真理的标准,而在于它们能否被"看不见的手"推上被目光笼罩的前台。人总倾向于把言论看作"心声"的自由表达,这多少体现了人对于沟通的迫切需要。可是,如同婚姻并不总是证明性关系合法一样,取消包办婚姻并不能一劳永逸地解决爱情的问题。[1]

读到这里,我们可能会感到困惑,不明白作者想要表达什么。论证的第一环节就是一定要有明确的议题,而回看这段文字,就会发现它包含了大量议题,而议题

---

[1] 唐克扬:"没有观点的观点",载《现代装饰》2012年第4期。

混杂之表达的代价是每一个议题都没有得到充分的展开，而让受众陷入"不知所云"的困惑。作者在开头开宗明义地提出第一个论题，即"我们的社会进入了'观点的社会'"；接着却转向"过去的文化倾向于'信'，今天的人更倾向于'不信'"。继而提出新观点："'不信'的个体也需要群体来加以肯定"，然后又转移到"越带有批判性的言论，越能够容易受到大众的首肯"——读者在这时就很容易陷入疑惑。阅读完由不同的内容、议题和观念堆叠出来的这一大段其实表达尚可、修辞尚佳的文字，最终作者最想表达的"议题"却被错过了——因为在短短两个段落的篇幅中，作者实在是向读者报告了太多的议题，我们应该意识到，思想杂谈与论文写作是两种迥然不同的文体。

日本作家松本道弘在他的《坐上谈判桌》一书中，提出了一个非常形象的比喻：在表达和证明任何一个观点的时候，一定要分清什么是鱼骨，即核心的部分；什么是鱼肉，也就是对核心加以阐述和丰满的部分。换言之，观点真正的内核是不可缺失的鱼骨，而这鱼骨就是明确的、被清楚论述的议题。不能用议题论证议题，而是聚焦某个具体议题进行阐释、表达、论述，这样这个议题才会被逐渐贴上鱼肉，变得丰满起来。[1]

---

[1]［日］松本道弘：《坐上谈判桌——国际谈判、会议、商谈致胜的辩论技巧》，王延庆译，台北：尼罗河书房2000年版，第34—35页。

日常生活中我们常用的对话方式是聊天，在朋友们之间相互畅谈心声的时候，话题都是跳跃的、移转的、快速变化的，从当下的娱乐事件谈到时政新闻，又从时政新闻谈到自己生活中最近的际遇。这当然没有什么可指摘的，因为生活本来就是希望我们在这种议题的转换当中，获得更多样的资讯，让彼此放松。但如果在论证中随意移转议题，造成多议题并行，就会产生叙述混淆和失焦。高度冗杂的议题最终容易导致叙述中心的失焦。所以在进入论证之前，我们必须问自己一个问题："我面对的是一个什么议题？"这个问题中有两个要点：第一个要点是"什么议题"，也就是对议题的选择一定要勾勒一个清晰的边界；另一个要点是"一个"，即一次只处理一个议题。这并不是说所有的讨论都只允许有一个议题，有的话题会涉及多元议题，但即便是多元议题也需要逐一去梳理。

在讨论问题的时候，议题的失焦其实很自然也很常见，因为任何议题都可能延伸出一系列的其他相关论域或次级议题。比如："拳击比赛是否应该被禁止？"这确实可以算是一个明确的议题，但这个议题的意涵可能是开放的乃至"透明"的。"透明"就是指可以完全不同的方向来对议题进行诠释和界定。当人们讨论是不是应该禁止拳击比赛的时候，人们讨论的其实是：

第一，我们有权剥夺拳击手的生计吗？

第二,拳击到底是不是一种健康的、值得追求的运动?

第三,拳击比赛广受欢迎的事实能不能支撑它的合理性?

第四,很多运动也会造成伤害,单凭伤害性能够构成拳击比赛的非法性吗?

第五,如果拳击比赛是非法的,又该如何去评价那些伟大的拳击运动员,比如阿里?

第六,人的自由包不包括自愿地选择被伤害的自由?

第七,如果认定拳击比赛非法会产生黑市,是否可以从人的基础性需求的角度证明它存在的合理性?

第八,拳击对拳击手和观众而言分别意味着什么?有没有一种叫做暴力美学的东西?

第九,人是动物,还是圣贤?动物性的欲念需不需要一个向外发泄的管道?

第十,如果拳击比赛是为了使观众获得快感,那么它是否把人看作工具而不是目的?[1]

可见,即使是"拳击比赛是否应该被禁止?"这样一个看似明确单一的议题,一旦在不同层次细致展开,

---

[1] 参见[美]文森特·鲁吉罗:《超越感觉——批判性思考指南》(第九版),顾肃、董玉荣译,上海:复旦大学出版社 2015 年版,第 208—209 页。

它完全可能构成一个多元议题的场域，因为这个议题讨论的可能性可以向诸多方向延伸。在讨论一个通透的话题的时候，我们就像走在窄窄的巷道中，突然的转弯可能就走向了跟这个话题有关，但完全不一样的议题方向。我们在不同的议题中不断地穿梭和游移，身形逐渐变得模糊，态度逐渐变得暧昧，有的时候看似是在讨论拳击比赛应不应该合法，但实际上讨论的是自由的定义，讨论的是伤害可接受的程度，讨论的是人们感官的狂欢是否足够支撑一个活动的合法性，讨论人的意义本质。如果这些议题面向交杂呈现，而没有逐一加以处理，最终导致的结果就是我们根本无法展开一个清晰的论证。所以，对议题之论域的跳跃性应保持警惕，这是我们进行有效思考和研究的前提。做任何研究的时候，保持议题的同一性其实没有那么简单，我们要时刻提醒自己逐一对问题进行辩证。

以上所说的一切的前提是论证，而不是聊天，不是自由的对话。因此，在论证的领域内第一个要点就是要有清晰的议题。议题可以有多个，但是需要明确地、清楚地逐个讨论。

第十二章 清晰的立场

如果有了明确的议题,并且可以保证不在议题之间随意地跳动,那么接着就可以进入论证的第二个要点,即"清晰的立场"。耶鲁大学法学博士刘南平先生有一篇非常著名的文章叫《法学博士论文的"骨髓"和"皮囊"》,讨论的是中国的法学博士论文。他在文中提到:通常论文被称为"著书立说",而中国的法学博士论文,"著书"可以做得到,却还不能达到"立说"。"著书"就是写成一个关于现有的学术观点的介绍性的书稿。那"立说"是什么?在刘南平先生看来,"立说"就是表达一个明确的,属于你的观点、态度、立场。他在文中提

到一篇博士论文作为例子,论文的名字是《信托制度的比较法研究》。下面摘录的是刘南平先生的文章对这篇论文的评价:

> 毫无疑问,每一位博士生苦熬三年(在西方有时甚至需要七八年),当然期望其辛勤劳动的成果能公开面世,以此受到学术界更广泛的批评和认可。如果其论文中的基本观点具有令人信服的论证,或者论文中提出了重要学术问题并获得了开拓性的探索,那么,这样的博士论文就应该具有"原创性"。从这个意义上说,撰写博士论文就是在著书立说。
>
> 实际上,目前我国博士论文做完之后,将它变成书似乎并不是一件难事。但如果从西方的标准看,这博士论文里是否有"说"就难说了。更准确地讲,这些博士论文是"说"太多,以至于弄不清楚它到底想"说"什么。用学术一点的话讲,读者不知道这类论文在论证什么命题,或者说不知道在探索一个什么基本问题。由于这种情形是带普通性的,下面的例子也就随手拈来,笔者绝无针对博士候选人本身和他们的指导教授之意。
>
> 例一,《信托制度的比较法研究》,作者:周小明;指导教授:江平。据指导教授介绍,该书是作者在博士论文基础上写成的。而作者为完成这篇论

文的确下了功夫,除了指导教授与作者本人到日本、美国了解、考察信托法律制度之外,作者也亲赴深圳、海南、山东、上海等地,对国内信托业作了大量调查,掌握了不少第一手资料。当然,毫无疑问,论文的内容也很丰富,几乎是包罗万象。这一点从该书"目录"中可以看出:什么是信托立法观念、信托的功能与价值取向、信托的设立与生效要件及效力,等等。在"前言"中,作者还觉得不够全面,不无遗憾地说道,一些重要问题尚未"包罗"进来,例如无效信托的法律后果,信托的变更和终止以及信托税制和信托会计等等。在笔者看来,这篇博士论文缺少的不应该是这些内容,而恰恰缺少的是西方对博士论文所要求的"命题"。换句话说,把这些复杂生僻的概念、定义、描述、分析拼凑在一起,读者弄不清作者到底要说明一个什么问题,或者说到底要论证一个什么主张,整篇论文看不到这样一个中心论题,即命题。它读起来不像一篇论文,而更像一本关于信托制度的教科书。用通俗的话讲,叫基本观点缺乏。

该论文作者倒是提到了研究该课题的深层动机,即是"想为中国信托制度的继受提供一个理论模型"。但动机不是"命题",而且这个动机也只是"提供"一个东西,即作者本人并没有论证这是个好东西，还是一个不好的东西。说到底，这篇论文作者实际上是在说：这个东西（指信托制度）我们国家还没有，现在我把它介绍进来了，而且是比较性的；是好是坏，要斤要两，你们（指学者和立法者）看着办吧！坦率地讲，这类"东西"长期流行于我国法学界，已经成为经典模式并广为我国博士、硕士研究生所模仿，而且每年还在不断地、大批量地生产出来。这类介绍性的文字对我国改革时期的立法创制以及学术视角的扩大起到一定作用，但它不应该成为我们学界的主要研究模式，更不应该是法学博士论文的固定模式。所谓论文，通常当然是指讨论、辩论或论证等。但博士论文首先是必须有一个基本论点或观点（即命题），否则，何"论"之有？又如何"论"之？笔者读到许多冠以"论××法"为题的博士论文，外人误以为真的有个"论（点）"，但实际上是缺少基本观点的，只是论文题目听上去怪吓人的。

其实，该论文作者在做"介绍性"的文章时大可向"二道贩子"学习，即在向路人"贩卖"时，自始至终围绕一个中心"命题"，明确肯定地说，这个东西是好（或不好），是符合（或不符合）中国国情的。我想，一般说来，"二道贩子"都会说好，否则就不会介绍进来了，甚至有可能根本就不让你介绍进国门。至于是否真的好,让人信服,这就看你的论证功夫了。另一种方法是,该文作者也可以学究化一些,开诚布公地提出问题:不知道这个东西好不好?我(指该论文作者)现在就来研究它(指信托制度)。这两种方式的任何一种,都是"论",都有"说",写起来和读起来才会像一篇论文。[1]

正如刘老师所言,很多博士论文其实真正缺少的是作者的立场观点。一篇博士论文,大众和学界对它的期待不能仅限于介绍一个制度在别的国家的发展状况,对比它们的优缺点,阐述一下它的演变过程。至于中国该不该适用、怎么适用则敷衍地留给读者自行体会,把最核心的部分又重新抛给了学界和立法者,那这样一篇论文有什么意义?有大量的论文的题目是"论某某法""论某某制度",可其中根本看不到作者的表态,看不到作者的立场,所做的无非是像教科书一样的言辞的堆积,不能反映作者在这个问题上有什么独到的认知和观点。这种状况我们在博士论文的写作中可以较为普遍地发现。如果你阅读一本博士论文,你往往会发现论文之目录给人一种印象,即它追求的是整体结构的完备,就像一本介绍性的教材。作者花费大量的时间分析前因后果、理论状态、历史变化、分类系统,而这些内容与作者的论点却都没有关系。甚至现在有

---

[1] 刘南平:"法学博士论文的'骨髓'和'皮囊'——兼论我国法学研究之流弊",载《中外法学》2000年第1期。

一个词叫作"论文八股",就是有一些论文的写作者,尤其是当他们写过论文的数量较多的时候,会觉得写论文好像很简单。拿到任何一个论题他们都可以快速地对论文用所谓的"结构性思维"进行架构,先做一个导言,再对核心概念做一个定义,然后是学术回眸、文献综述等等,形成了一个可以运用到任何论题上的机械框架。但是很多叙述很有可能跟最终的结论并没有关联,之所以写这些部分并不是因为它们帮助你推导出结论,而只是你觉得它们在结构上必要。

我自己的博士论文是有关调解制度的,一般中国学生在写关于调解的论文的时候会习惯性地花相当大的篇幅去回溯中国的调解历史:儒家的核心伦理是如何影响了中国传统不善争诉的法律文化,历朝历代法律制度中调解所扮演的角色和发挥的作用,等等。但是写完之后导师会问:"你的结论是什么?这一部分的历史阐述和你的结论有直接关联吗?"如果主要内容是当代的调解制度和实践,那么,这一些关于历史和文化传统的内容就应该大刀阔斧地删掉,除非当代问题的答案来自历史。一旦缺少一个清晰的立场,论文就会沦为对一个问题的介绍,不论这个介绍是多么全面,材料的收集是多么辛苦,它的学术价值依然是有限的。而如果有一个清晰的论点,我们就会根据论点来筛查材料、组织内容,从而条理更清晰,逻辑更有说服力,最终产生新知。关于这一点,我们在后面讨论研究历程的时候还会为大家详细介绍。

刘南平教授在上文提到的文章中也给出了一个关于"立场"的正面的例子，即北京大学法学院朱苏力教授的《跨文化社会法律研究中社会控制之批判》，刘南平教授评论道：

> 顾名思义，朱教授是要研究与法学相关的社会控制（social control）的问题，这如同法学博士研究生要研究其他法学问题一样，例如票据权利研究，联合国维和部队之法律地位研究，内地和香港的公司法律规定的比较研究，等等。明显不同的是，朱教授在报告中对社会控制的概念作了简要回顾与评析后，明确提出其研究中所要论证的命题："社会控制不是这个概念所指向的那些社会现象本身所固有的一种品质或特点，而是人类的一种生活意义的投射或客体化。我们甚至可以进一步得出一个看起来荒唐但不是不可能的结论：在一个不同的社会背景下，也许就没有社会控制。这就是我想在这一研究中所论述的命题。通过对美国和中国历史文化和社会背景的比较研究，我想证明社会控制是一个为文化所制约的概念。它为一定的文化假设和信仰所构成和支持，它不具有当代西方以及部分东方社会法律学的研究者们所认为或假设的那种世界性或超时空性。"

朱教授接着论述这一命题在理论上和实践上的重要性。我想，学术基金的报告审阅批准者应对这一部分最感兴趣。同样地，博士生导师也对其学生论文开题报告的类似部分最感兴趣。最后，朱先生围绕这一命题，勾画了各分章节的研究内容。[1]

在这篇论文里，朱苏力教授就给出了非常清晰的议题和立场，即"在一个不同的社会背景下，也许就没有社会控制"，它不仅可以帮助读者更快速、更清晰地理解文章主旨内涵，还可以作为依据构建文章框架。

在论证时，具备明确的立场非常重要。甚至这种重要性也存在于口语传播的情景中。彼得·迈尔斯在《高效演讲》中说，任何一个有品质的演讲，它最终要传递一个有品质的内核，说到底也就是演讲者要始终铭记："我要向大家清晰而明确地表态，我要向大家坚定地传递我的立场。"如果我们听完一段演讲，看完一篇文章之后，收获的结论是既可以左，也可以右，既可以上，也可以下，既可以东，也可以西，既可以这样，也可以那样，究竟要怎样做我们仍然没有答案，那岂不仅仅只是浪费了时间吗？所以彼得·迈尔斯提出，当你完成了一个演讲，有一个重要的标准可以帮你厘清你到底有没有观点，那就是能不能用一个短语或句子明确地表达你的观点，如果可以，那么

---

[1] 刘南平："法学博士论文的'骨髓'和'皮囊'——兼论我国法学研究之流弊"，载《中外法学》2000年第1期。

你的表述就是有核心立场的，是"有效"的。[1]如果不可以，那么你在表述中非常有可能东拉西扯、欲说还休，夹杂了许多没有目的性的废话。无独有偶，从2008年开始，澳大利亚昆士兰大学发起的一个有趣的学术演讲竞赛活动叫"Three Minute Thesis Competition"（三分钟论文演讲）。目前该项比赛已经推广到包括21世纪大学联盟在内的世界各大洲大学，该活动每年还会决出比赛的全球冠军。[2]这个活动后来变成了一个全球流行的关于观点梳理和表达的竞赛。简单来说，这个比赛要求博士生用三分钟的时间，就三分钟，向一般受众——他们受过大学教育，但在你自己研究的专业领域其实知之甚少——介绍你整个博士论文的核心内容。一本大约九万字的文科博士论文，你需要用三分钟完成观点的介绍和表达。试想，如果一本博士论文没有一个核心、清晰、明确的观点加以指引，这种三分钟的有效表达将是不可能完成的。对于我国常见的很多博士论文，三分钟可能连导论和基本概念都无法完整地介绍。

以上就是证明的过程中的第二个观点，即论证必须要有一个清晰的议题，同时在这个具体议题上，必须要给出一个明确的态度或立场。

---

[1] [美]彼得·迈尔斯、尚恩·尼克斯：《高效演讲》，马林梅译，长春：吉林出版集团有限公司2013年版，第47页。
[2] The University of Queensland，"Three Minute Thesis"，https：//threeminutethesis.uq.edu.au/about，2018年2月23日访问。

第十三章 区分假说和论证

在社会科学当中有一个重要的概念叫"假设（假说）"，英文叫 hypothesis。指的是推断的可能性，这是一种在逻辑上存在的可能性，但它不是事实。它是否是事实，还需要经过经验和理论的检验。笔者曾经有一篇讨论论证的杂文：《你的辩论，是否已入门》。文章中所提及的辩题是："影视作品是不是应该翻拍？"（本章结尾处附上了文章全文）如果你支持翻拍，你也许会想到如下理由：

> 因为翻拍完成，老作品与时俱进；因为翻拍之后，观众们乐见喜闻。这可能是支持翻拍者常见的

论述过程。但请你留意,这段论述的发言者其实是在说:翻拍之后,那些观众们怀念的经典作品就"有可能"重新落入普罗大众的日用习常,那些他们"有可能"时时怀念的银幕形象、经典对白、标志桥段就"有可能"重新被观众们忆起,从而让他们"有可能"快乐、欢欣、去追捧。

用心的人会听得到,这样一句斩钉截铁的陈述里其实包裹了多少"暗语"似的"有可能",而每一处"有可能"都是一个待证命题,一处虚妄假设,一种勇敢猜想,这些"有可能"都需要测量、描述、检定,都需要证据与资料的加持。社会科学的框架里大致两条路,要么扎根以田野为核心,以个案为特色,以深描为方法,以非随机抽样为底色的定性研究;要么通透以统计为工具,以抽样为主轴,以随机为义理,以回归分析为归宿的定量研究。没有这些方法而产生的资料支撑,别说好的论证了,你就连论证的门都还没有敲开。

我们在这里其实是想强调,论证不仅仅是一个逻辑可能性的堆叠,还必须要让它照进现实,让它对照理论,使被证明的这些假设形成一个有因果关系的事实链条,从而有效证明我们的观点。上文中提到的类似错误不仅仅经常发生在我们普通人身边,一些思想的大师也会犯此类错误,在张五常先生的杂文集《新卖桔者言》

中，曾经记载过一个经典的经济学上的逸事，其名为"灯塔的传奇"。在大海的航行中，人们会修建灯塔帮航船指引方向。灯塔的闪光，预示着大陆港口已经离此不远，或者此处应该绕道而行，以避开海洋中潜伏的暗礁。但是，"灯塔的传奇"在经济学上有一个很大的问题：灯塔没有办法收费，当灯塔的闪光给予了一艘正在航行的船只指示，明示前方的风险或其运作方向，此时"使用"便已经完成了，该船只已经享受了灯塔的服务，驶离灯塔所在海域，根本没有办法向灯塔的拥有者付费。反过来，灯塔的拥有者提供了照明或指引方向的服务后，根本没有办法向过往的船只收钱。因此，一些重要的经济学大师，像庇古、萨缪尔森，都认为灯塔的存在恰好证明了市场的失灵，即市场无法覆盖所有的事情。所以，不是所有服务都依赖自由的市场、私人的投入，而只能依靠政府拨以公帑，因为这类东西消耗资源却换不回相应回报，提供服务但没办法获取经济效益。

这个概念长期存在，使灯塔变成了经济学史上的一个象征，它的闪闪发光是在证明政府干预市场的必要性，直到诺贝尔奖得主科斯做了一系列实证的调查。他对"灯塔必须要靠政府公帑来加以投资，因为无法收费，从而说明了市场失灵"这个看上去严密的逻辑，提出了怀疑。他认为这只是假设，而不是事实。科斯研究了英国的经济历史和灯塔的历史，发现在历史上英国的灯塔大部分情况都是由私人所拥有的,并不是靠政府投资。后来灯塔才逐渐收归公有,而收归公有的目的,并不是因为私人无法提供服务和无法收到薪资,而是因为收取费用过于高昂,这破坏了市场的基本公平。大部分人狭隘地理解为灯塔的运营者要单纯就灯塔的使用向过往船只收费。虽然灯塔很难收费,但灯塔的运营者其实也是码头与岸边管理的运营者,他们实际上对船只的每一次靠岸征收费用,从而可以覆盖这部分成本。故而科斯认为,这一切都仅仅是逻辑上看上去正确的假说,但它跟现实不一样。[1]这个事例说明了即使是非常著名的经济学者仍然会犯这种错误。

当然,此处并不是为了探讨经济学上的观念,而是想区分两个概念:第一个,hypothesis即假说,它仅仅是提供逻辑上的可能性;而只有第二个,argument,即论证,才可能提供现实中的有效性。上文所举的例子,无论是我们在刚才所谈到的电影作品是否应该翻拍,当中由可能性构成的一系列假说的堆叠,还是在经济学的历史上看上去无懈可击的推论,它们都是假说,都还没有变成证明。有效的证明需要两个条件:一、前提为真;二、逻辑自洽。因此,当假说或者推测性的解释无法满足前提为真和逻辑自洽前,并不是一个有效的论证。

---

[1]张五常:《新卖桔者言》,北京:中信出版社2010年版,第55页。

本章主要阐述了几个重要的结论：第一，论证必须要有明确的议题，而且这样的议题是需要逐个完成的；第二，论证必须要有明确的立场；第三，将假设与证明有效地区别开来。证明逻辑有效，前提被证明为真，而假设只是纯粹的观念、逻辑或机制上的一种可能性。以上是进入真正的论证方法之前观念上的门槛，厘清了这几个门槛观念，才能顺利进入"论证"这个大问题。

附：《你的辩论，是否已入门？》

你的辩论，是否已入门？

一

影视作品应该翻拍，为何？

二

因为翻拍完成，老作品与时俱进；因为翻拍之后，观众们乐见喜闻——还有吗？——没有了，大致如此。

嗯，如果大致如此，这表明你还需要了解一点点社会科学的入门义理——关于什么是假说（hypothesis），什么是论证（argument）。

三

张五常在《新卖桔者言》一书中，记录了一则经济学史上的经典掌故——灯塔的传奇。从1848年开始的不同历史时期，英国的经济学家密尔、西奇威克、庇古，到当代美国的萨缪尔森，都对灯塔有过精巧的分析。借用灯塔，论说市场经济在特殊领域的无力。简单说，海中的灯塔无法用市场机制让私人投资，而必须由政府公帑出力建造。理由很简单，灯塔虽然具有重要的实用价值，然无法向使用者收费——远远的航船若得见远处的微光，便知此路不通，需要绕行，使用者确实受益，然产权人鞭长莫及，故此等事，傻子也不会去做。我们扩大地理解，市场失灵之处，便是政府显灵之时——灯塔的建造，无法仰赖市场，只能公帑投资。

这个非常符合常理的解释似乎天衣无缝，但在1974年，这个完美的灯塔传奇遭遇了科斯。科斯调查了英国早期的灯塔制度，发现在十七世纪，公帑修建的灯塔不过两个，但私人投资的灯塔却超过十家。之后私人灯塔的数量持续增长，直到1942年后，政府通过法例，要求领港公会将私营灯塔逐步收归公有，私人灯塔才退出了历史舞台。更为有趣的是，政府在收购私营灯塔时的理由，不是因为他们收费困难，正好相反，是因为他们收费太高。这显然说明以往这些经济学家对灯塔的解释存在问题——嗯，在社会科学的意义上，尚未被经验验证的论断，即使逻辑严密、入情入理，也只是假说，一个尚待检定的陈述（statement）罢了。

四

明白这一点，你就清楚，太多辩论赛的立论不是论证，无非是大量假说的暴力堆积。

我们还是以文章最开始的这个"论证"为例——为什么影视作品应该翻拍？因为翻拍之后，观众们喜闻乐见。其实发言者是在说：翻拍之后，那些观众们怀念的经典作品就"有可能"重新落入普罗大众的日用习常，那些他们"有可能"时时怀念的银幕形象、经典对白、标志桥段就"有可能"重新被观众们忆起，从而让他们"有可能"快乐、欢欣、去追捧。

用心的人会听得到，这样一句斩钉截铁的陈述里其实包裹了多少"暗语"似的"有可能"，而每一处"有可能"都是一个待证命题，一处虚妄假设，一种勇敢猜想，这些"有可能"都需要测量、描述、检定，都需要证据与资料的加持。社会科学的框架里大致两条路，要么扎根以田野为核心，以个案为特色，以深描为方法，以非随机抽样为底色的定性研究；要么通透以统计为工具，以抽样为主轴，以随机为义理，以回归分析为归宿的定量研究。没有这些方法而产生的资料支撑，别说好的论证了，你就连论证的门都还没有敲开。

你说，上面这段关于方法的叙述中有太多的"生词"从未听说，嗯，那只能说明一件事：你辩论的积累，在社会科学的意义上，还没入门。

五

那可还有别的路子？

当然，教你一条下华山的后路，阐释之门。

六

我们先要建立一个大前提，即所有的影视叙述，都是"翻拍"。

以《红楼梦》为例。

《红楼梦》讲什么？鲁迅先生说："《红楼梦》是中国许多人所知道，至少，是知道这名目的书。谁是作者和续者姑且勿论，单是命意，就因读者的眼光而有种种：经学家看见《易》，道学家看见淫，才子看见缠绵，革命家看见排满，流言家看见宫闱秘事……"

今日，若能让曹雪芹穿越至眼前，问他：前三十回是红楼的命，还是后三十回是贾府的魂？高鹗的续篇是得意之作，还是狗尾续貂？他本人，怕也说不清。即便说得清，随光阴变换，随境遇变迁，这个判断恐怕也会变得微妙、迷离。

当作品完成，作者与作品的关系就被狠狠地拉扯开，每一次问作者何为作品原意，都是要求作者再一次阐释，甚至再一次创作的对作品的理解历程，这个作品跳脱作者的手心，向自由狂奔的状态，被海德格尔命名为"被抛"。

当作品完成，作者对观众的控制就被大大地稀释掉，每一次读者对作品原意的解读，都是一次自我经验与作者经验的碰撞、冒险、对峙，甚至失控般地走向张狂，心中对作品真诚的理解即使那么私人、那么个别、那么另类，也是对作者的真诚敬礼。小小的读者是所有阐释权利的拥有者，无论这个作品的作者有多么伟大——这个过程，被罗兰巴特概括为"作者已死"。

是的，"一千个人眼中有一千个哈姆雷特"——同是莎翁的剧本，一千个读者便是一千个重新的注释，一千种个体的翻拍。

若不信，可以把上面这段些许抽象的文字精神讲给你朋友听，虽然你以最大程度的诚意去转述，也一定有细腻偏差，微寸分别，这便是对我上述文字的"翻拍"。

所以忠于原著这件事，是阐释学启蒙抵达这个世界前的一种浅白执念。演员、布景、光影、色调、配饰、镜头、台词、戏码，哪一处不是对原著文字之微妙触感的翻拍、改写、重述？

《西游记》第十七回，描述大慈大悲救苦救难广大

灵感观世音菩萨的南海普陀洛迦山的法场,用语如是:

"汪洋海远,水势连天。祥光笼宇宙,瑞气照山川。千层雪浪吼青霄,万迭烟波滔白昼。水飞四野,浪滚周遭。水飞四野振轰雷,浪滚周遭鸣霹雳。休言水势,且看中间。五色朦胧宝迭山,红黄紫皂绿和蓝。才见观音真胜境,试看南海落伽山。"

而佛家《大方广佛华严经》(唐实叉难陀译)卷六十八中又说:"于此南方有山,名补怛洛迦。彼有菩萨,名观自在。……海上有山多圣贤,众宝所成极清净,花果树林皆遍满,泉流池沼悉具足,勇猛丈夫观自在,为利众生住此山。"

你说,忠于原著,怎么拍?想想看,你见过的所有《西游记》的影视剧版本,大致只能择其重点,自作主张吧——这一主张,不就成了翻拍?

七

所以说反对翻拍就是反对艺术创作任何发生的可能性,因为翻拍,是所有艺术不得已的本质。

理解这个本质,我们便无需争论社会科学的短长了——你说有成功之翻拍,我说有堕落之反例——何必呢,凡此枚举的竞赛,说到底不都是用"不完全的归纳"或者"极端样本"来浪费大家时间吗?这个题目要有意义,盖只能切掉事实面,回到本质层。故这场比赛的争点就一个：翻拍，是不是艺术的不得已的本质？

八

你说，上面这段关于哲学的叙述中有太多的"观念"难以言说，嗯，那只能说明一件事：你辩论的积累，在人文学术的意义上，还没入门。

入辩论之门，要么在社科方法上成为最规范的君子，要么在人文智识上拥有最超群的达观；要么能以细致的证明力铺满论证的每一个关节，要么能以别样的想象力激发听众的智识之快感。

不然，辩论何意？

九

懂得这一层，你就懂了辩论是一个长长的修行。

以及更重要的，你便明白了，孔夫子所谓"巧言令色鲜矣仁"是在骂谁。

第十四章 主观证明

如前所述，有效的论证需要符合两个条件：第一个是前提为真，第二个是逻辑自洽。鉴于本书并非专业逻辑学课程，不以逻辑为重点，所以我们只以清单形式帮助大家树立常见的逻辑自洽的注意事项。延续前面的讨论，我们将在这里继续延伸证明的两个大方向：主观证明与客观证明。

我们都知道，在现实生活中，证明不一定依赖相对客观的逻辑，而可能依赖非常主观的说服。你是因为相信而不是逻辑判断认可某一个证明的效用——我们将这种证明称之为主观证明。举例说明，在著名的网络辩论节目《奇葩说》中曾讨论过一个生活化题目:"是否应该刷爆卡买包包?"如果我们依循客观证明(逻辑证明)的过程,加入你的立场是不应该刷爆卡买包,大概常见的论点会是刷爆卡买包可能会影响生活质量,那接下来你真正的论证就应该是找到影响生活质量的论据,证明刷爆卡影响了生活,这就是论证,否则,你还是诉诸一个可能的假说。但对于这个辩题,《奇葩说》节目现场的其中一位辩手是这样诠释的:

> 对方一直在夸张一件事情,就是刷爆卡的危害。可是,大家如果真的有去办过信用卡会知道,银行会综合你的个人收支能力以及你的消费能力,去给你限定你的信用卡额度。那么,你刷爆卡的那一个瞬间,也许你会痛苦那么半个月,但是接下来你其实是有能力去偿还的。所以你所谓的宽裕是短暂的、痛苦是长久的,其实也不成立。
>
> 那么,再来回到我方观点,其实这道辩题我们想讨论的是什么,是人应不应该在自己尚未准备好的情况下,去为一件自己动心的事情付出一些代价。我觉得是该的!为什么?是因为人生很吊诡的地方在于,你往往最动心的那个时刻都是在你还没有准备好的时候遇到。当你准备好一切,你却很难再找回自己当初动心的那个瞬间了。所以贵的其实不是那一个包,是我动心的那个瞬

间呀!

我小时候呢,特别喜欢看美少女战士,当时我就特别想买齐那一套美少女战士的DVD。但是呢,我作为一个小学生没有那么多钱,我就把钱全部用来买了练习册,然后每天学习。我就错过了那一套DVD。今天大家也能看出来,我跟浩浩一样,从第一季到第三季也经历了一些变化,也算有一点点能力了。就在我那天逛商场的时候,我真的看到了美少女战士重制版的DVD,可是我站到那块儿的时候,我再也找不回小时候那种冲动——想要把它买回家了。因为我现在可能会看一些更好看的东西。

所以我觉得,我未来的时间里可能还会挣很多的钱,但是我不太确定我还能有多少次的动心。刚才浩浩姐说,千金难买她乐意,可是大家知道为什么吗?是因为时光一去不复返!艾力刚刚说得很好,说你买了一个你负担不起的包,其实就是一场虐恋啊!可是大家知道吗?所有的爱情故事里面,虐恋多美好啊!所有人都会拉着对方的手说:"你这个小冤家,我上辈子造了多少孽,这辈子才遇到了你呀!"然后笑中带泪,跺脚,继续爱下去。

今天对方所宣扬的,是一种踏踏实实稳步求进,这一辈子不高不低但是很平稳地过去。但我方这边宣扬的可能是一种有起有伏,可能会让你短时间内不开心,但是我在低谷的时候会想,至少我曾经仰望过高山,所以我今天可能要做一件在《奇葩说》从来没有做过的事情——就是……就是我想对我喜欢的人说一些话,ta 在我眼中是所有美好东西的代名词,ta 就是我眼中所能想象到的,所有好的东西 ta 身上都有。我在 ta 面前是那么的不堪,我什么都没有准备好,我觉得我想要跟 ta 在一起。我想都不敢想,今天你为了得到一个包,也许你会刷爆你的信用卡。但是我为了得到那个人我可能要刷爆我的自信,刷爆我的安全感,甚至刷爆我的自尊!可是,可是我就是要得到 ta 呀!因为你们知道吗?这个世界上没有什么东西比让你喜欢的人喜欢上你,终于得到你喜欢的是更值得开心的事情。你遇到过那些你想追都不敢追的,你都去追了——你追到之后也许会跑的人,你都去追了。那么一个你明明买得起的包,你干吗不买?!

事实上,上面这个精彩的叙述经不起理性的周密衡量。例如,发言者说"是因为人生很吊诡的地方在于,你往往最动心的那个时刻都是在你还没有准备好的时候遇到"——如果不是诉诸有效的证明过程,仅仅发表或阐释一种"假说",为什么我们不能认为往往心动的那一刻,就是你准备好的时刻呢?我们可以说得更浪漫——其实心动是刹那，而动心已是永恒。发言者说："今天对方所宣扬的，是一种踏踏实实稳步求进，这一辈子不高不低但是很平稳地过去。但我方这边宣扬的可能是一种有起有伏，可能会让你短时间内不开心，但是我在低谷的时候会想，至少我曾经仰望过高山。"可问题是，为什么买包就是仰望高山呢？守护住平凡往复的生活难道不需要勇气、坚持和全情投入吗？生活就真的只是平地，而奢侈才是值得仰慕的高山吗？那王阳明为什么说"不离日用常行内，直造先天未画前"？注意，这就是诉诸叙述，诉诸一种模糊但具有审美或哲思意义的表达。它不是论证本身，也不能提供论证的有效性，它只是诉诸你的愿景、情怀、青年人洋溢的价值、对青春的想象力，以及不愿承认自己平庸的那种动力。很多人可能会感动、会被这种叙述营造的情景征服，从而愿意委身皈依。这个精彩但缺乏论证的过程诉诸一个人的感性判断，而不是理性认知——这种过程就是主观证明的典型例证。

如果你阅读社会心理学的研究，你会对人类理性丧失全然的信任。因为人很容易丢失理性，而被一些刻意营造的细节或策略影响。我们举一个社会科学的例子：1986 年，美国密歇根大学的两位研究员乔纳森·谢德勒和梅尔文·马尼斯设计了一项法庭审判的模拟实验。受试者扮演陪审员的角色，每人发一份假想的庭审记录给成员评估，约翰逊太太是否适合继续抚养她七岁大的儿子。法庭记录故意设计成辩护双方旗鼓相当的局面。八项证词对约翰逊太太不利，八项理由对她有利。其中一组受试者拿到的记录中支持约翰逊太太的证词提供了生动鲜明的细节，反方则没有提供特别的细节，相比之下，后者显得平淡苍白；另一组受试者提供的材料则恰好颠倒过来。举例来说，对约翰逊太太有利的一句证词是约翰逊太太每天在儿子睡觉前都会看着他洗脸刷牙。生动的版本则加上这样的细节："他用的是一把长得像《星球大战》里黑武士达斯·维德（Darth Vader）的牙刷。"[1] 对约翰逊太太不利的一句证词是："孩子有一天来学校时手被严重擦伤，约翰逊太太并没有帮他清理和处置伤口，后来是学校的护士给他清理的。"而生动版本还加入了一点细节说护士在清理伤口时，不小心把红药水弄到了自己的衣服上把衣服给染红了。细节虽然与案件并无关联，但还是影响了判决结果。[2]

在听到加入生动细节的有利证词的陪审员中，判定约翰逊太太适合继续监督孩子的人数是10人中的5.8人。而听到了加入生动细节的不利证词的陪审员中，判定适合的人数是10人中的4.3人。原因在于，细节增强了辩护

---

[1] [美] 奇普·希斯、丹·希斯：《让创意更有黏性——创意直抵人心的六条路径》，姜奕晖译，北京：中信出版社2014年版，第116页。
[2] 同上。

词的可信度。一个人要是能在脑海中浮现出黑武士牙刷的形象,那么就更容易想象出小男孩在浴室中刷牙的画面,也就加深了约翰逊太太是个好母亲的印象。[1]

这是主观层次的说服,或者主观层次的证明,它诉诸的并不是一个人高度理智的判断过程、逻辑的证明过程,而是诉诸人的情绪与感知,诉诸人们脆弱而易被影响的心智。这是一种感觉或感知建构的相信,而不是逻辑建构的得证。如果你受过很好的逻辑和思维训练,在某种程度上,我们要有对主观证明的鉴别能力。现在所谓的爆款广告、刷屏事件、所有被追捧的新闻、被传播的谣言,其实都是在诉诸人的主观心智的羸弱。很多人在面对这些似是而非的资讯时往往会懈怠,然后会卸下所有批判思考的认知武器,迅速进场,之后就被氛围蛊惑,被传销裹卷。

但这并不是说主观证明是无用的。主观证明在现实生活中有大量的现实用途,它影响着我们建构对话策略、安排商业方案的心理机制和人性基础,并且我们或多或少也一定会受其影响。我们不是要彻底否定它,只是要提醒研究者要对它有所觉察。

---

[1] [美] 奇普·希思、丹·希思:《让创意更有黏性——创意直抵人心的六条路径》,姜奕晖译,北京:中信出版社2014年版,第116—117页。

第十五章 诉诸权威

如果我们不诉诸感性主观叙事，那么，我们则需要建构客观证明。所谓客观证明，就是一个逻辑证明系统的有效成立，即前提为真、逻辑自洽。

在讨论前提为真之前，首先需要明确一个观念——议题不会自我证明，即我们无法依靠问题本身去证明问题的真实性。此处举一例进行说明：在日常生活中，我们会讨论是否应该戒烟的问题。假如你吸烟，我作为你的亲密朋友，为了说服你戒烟，我对你说："你得戒烟了。为什么要戒烟？是因为你得戒烟。"那么，这样的论证便是一个无效的说明，因为这是靠议题本身对议题进行证明,仅仅是重复,而不是证明。要想证明议题的真实性,我们必须依靠议题以外的因素。比方说为了论证你不应该吸烟,我会引入一个外在因素:另一个议题"吸烟会伤害身体健康",借助另外一个观念——"健康"来使得证明过程完整:

> 吸烟有害健康。
> 健康重要。
> 所以你不该吸烟。

当我们要论证一个观念并让它显得真实贴切时,我们必须诉诸另外一件议题,此乃确保我们的前提为真的方法。那我们可以诉诸什么呢?大家在平日中稍加观察即可发现,人们在日常生活中可以诉诸的那些问题以外的因素,即所谓的论据,大致包括以下几种类型:第一,个人经验;第二,未公开的传闻;第三,公开的报道;除此以外,还有目击者的证言、名人名言、专家意见、实验、统计资料、调查、正规观察、研究评述,等等。[1] 这些可以"诉诸"的材料非常广泛,但如果将其类型做一个整合性的概括,可以分为两大类:诉诸权威和诉诸经验。我们先讨论诉诸权威。

举个例子:关于是否应该废除死刑的问题——这同

---

[1] 参见[美]文森特·鲁吉罗:《超越感觉——批判性思考指南》(第九版),顾肃、董玉荣译,上海:复旦大学出版社2015年版,第84—93页。

时是我所工作的法学院经常讨论的永恒经典问题。从学生写的支持废除死刑的文章中，我选取了两个常见理由。

一学生说：国家没有给我们生命，所以国家也没有资格剥夺我们的生命。那么他诉诸的是权威——贝卡利亚（现代刑法学的奠基人，意大利著名刑法学家），他说，人们并没有把生命的权利转让给国家，所以国家也就没有剥夺我们生命的权力。生命来自自然的馈赠，而不是来自国家。[1]——这个论证就是非常典型的诉诸权威。其基本形式是：我的某一观点是正确的，为什么？因为权威人士（比如贝卡利亚）说我是正确的；我是正确的，因为权威与我所言所讲之观念是一致的。

另一常见理由是：学生说，对犯人的处死，实际上同时是对犯人家属的惩罚，而犯人的家属是无辜的——这无疑是他的论点。此处他诉诸权威——雨果。雨果曾经说过："如果他有家庭，那么我们对他的打击难道只是伤害他一个人吗？是否考虑到了不使他的父亲、母亲、孩子们流血？没有。杀死他就是对他全家施以极刑。在这里，我们又处罚了无辜的人。"[2] 同样，作者

---

[1] [意]切萨雷·贝卡利亚：《论犯罪与刑罚》，黄风译，北京：中国法制出版社2002年版，第63页。
[2] [法]贝纳尔·勒谢尔博尼埃：《合法杀人家族——巴黎刽子手世家传奇》，郭二民编译，北京：生活·读书·新知三联书店1992年版，第186页。

的论点、作者的立场、作者的态度是清晰的。废除死刑是我们的议题，废除是我们的立场，而他所提供的论据是想说明：当我们把犯罪的人杀掉的时候，我们惩罚了无辜的人。他引用的资料、他诉诸的论据，是声名显赫且有影响力的大学者在这个问题上的发言——这就叫作诉诸权威。

再比如，选取一个裁判文书说理的例子：以江苏省沭阳县人民法院审理的王艮康等诉祁学平等生命权纠纷案为例，法官在该案判决书［（2014）沭民初字第02530号］中，为了证明自己对安全保障义务的理解是正确的，他援引了我国台湾地区著名民法学者王泽鉴先生的一段论述："经营旅馆饭店，开启来往交通，引起正当信赖，对于进出旅馆，利用其设施之人……应注意防范危险的发生，如清除楼梯的油渍，维护电梯的安全……"[1]此时他便是通过诉诸权威——王泽鉴，来论证自己的观点。再举一个生活中的例子：气象台每日为我们播送天气预报，倘若你说明天是晴天，理由是气象台的天气预报就是这样播报的，那么此时你便是诉诸权威——气象台。

在诉诸权威中有一个特别常见的错误，就是断章取义，只见局部文辞，不懂整体思想。邓正来教授就曾尖

---

[1] 王泽鉴：《侵权行为法（第一册：基本理论　一般侵权行为）》，北京：中国政法大学出版社2001年版，第95页。

锐地指出：

> 我们在论著中为了支持自己对自由的论证，我们通常都会把卢梭讨论自由的观点引证在我们的论著中，而在同一论著中，我们还会引证亚当·斯密论自由的观点来支持自己的观点，可能还会把哈耶克、弗里德曼这些自由主义大师关于自由的观点一一引证来支持自己的观点。但是，无论这一引证多么详尽或多样，在我看来，却是存在很大问题的，因为卢梭、亚当·斯密、哈耶克等人的观点在基本的哲学层面上乃是相互冲突甚至对立的，因而是分属于不同甚至完全对立的哲学理论脉络的。[1]

你引用这些人，只因为文辞意涵的一致，并不是出于对整体脉络的理解。

---

[1] 邓正来：《三一集：邓正来学术文化随笔》，北京：中国政法大学出版社2012年版，第89页。

第十六章 诉诸经验

所谓诉诸经验,就是诉诸两种基础的经验事实。第一种经验事实是量化的经验事实;第二种可以称为质化的经验事实。

举例而言,如我想了解"同学对食堂是否满意",这是一个议题;我猜测,"同学们对食堂是满意的",这是一个立场,但这是一个假设性的立场。如何去证明这个立场呢?我们可以诉诸权威——校长说:"我们的食堂非常不错,同学们满意。"或者,诉诸经验。首先,证明的方式可以诉诸质化的经验事实,也就是所谓的"个案"。我们可以通过访谈几个同学,让他们深度地表达对食堂的观感。在这个过程中,我们不仅仅可以知道他们对食堂的态度,更能知道他们产生某种态度的具体原因。因此,我们会更好地理解"满意"这个概念,它对同学们有何意义,并有可能更为深入地建构关于评价"满意"的标准。这便是通过深度的访谈,去挖掘事物本身的内在机制。

第二种证明方式,就是我们可以做一个问卷表,让所有在食堂用餐的同学打分,并得出一个平均分。如果选项是1到5分,1分是特别不满意,5分是特别满意(李克特量表),这样就可以完成问卷评分,然后可以计算出平均分。例如,如果我们发现它高于3分(及格线),那就证明了同学们对食堂大体满意——这便是诉诸量化经验。

我们可以在量化的意义上寻找数据,也可以在质化的意义上解读个案。这就是两种诉诸经验事实的方式。严格来说,像案例比较、实验研究,都是某种意义上的经验研究,只是在操作方式上有差别。因此,在具体的形式上,诉诸权威其实更多的是诉诸文本,而诉诸经验更多的是诉诸第一手资料或直接的事实。这不仅仅是方法问题,也是方法论问题——你用定量的方式去了解学生对食堂的满意度,其实背后携带着一整套关于世界真相的价值观。方法就是研究的技术,方法论就是每一个技术后面所埋藏的价值观。这个世界不存在没有价值观预设与介入的研究方法，这一点我们在后面的章节还会提及。

但从整体的人类知识的演进趋势看，权威对论证的作用在慢慢弱化。这当中的原因是多样的，我们先讨论其中一个——时间限定。这个概念在我们之前讨论"理论"和"真理"的差异时已有涉及，即所有理论是嵌入在具体时空情景中的认知与判断，这个判断在时过境迁、沧海桑田之后，一定会遭遇新时空的挑战。

举例说明：我们应该孝顺父母、应该恭敬长辈、应该尊重亲友的原因是什么？如果诉诸权威，答案可以是：孔子说的。这样的论证当然一定程度上可以说服中国人，但同时也会让一部分中国人产生困扰——毕竟孔子说的话是 2 000 多年前的了。孔子主要的生活经历在鲁国，在今天的山东西南部。孔子在那么狭小的区域，在那么古老的时间，面对和今天完全不一样的受众，没有互联网，没有群体协作，没有现代社会与商业制度——什么都没有。孔子在如此简单的社会状况中，发表了一系列言论，凭什么到今天依然有效？到今天依然是不容置疑的法则？凭什么对完全不一样的当代中国人，仍然是至理名言？同样，康德说的话为什么对当下的德国人有效？为什么甚至对当下的中国人有效？马克思的话为什么有效？……所以，所有的诉诸权威，都会面临时间和空间的挑战，这是所有诉诸权威必然要经受的问题，尤其在当今这个变动加速的时代。

关于这个问题，毛泽东主席在其著名的《反对本本主义》一文中做出过精彩的阐述。毛主席写道：

> 以为上了书的就是对的，文化落后的中国农民至今还存着这种心理。不谓共产党内讨论问题，也还有人开口闭口"拿本本来"。我们说上级领导机关的指示是正确的，决不单是因为它出于"上级领导机关"，而是因为它的内容是适合于斗争中客观和主观情势的，是斗争所需要的。不根据实际情况进行讨论和审察，一味盲目执行，这种单纯建立在"上级"观念上的形式主义的态度是很不对的。为什么党的策略路线总是不能深入群众，就是这种形式主义在那里作怪。盲目地表面上完全无异议地执行上级的指示，这不是真正在执行上级的指示，这是反对上级指示或者对上级指示怠工的最妙方法。
>
> 本本主义的社会科学研究法也同样是最危险的，甚至可能走上反革命的道路，中国有许多专门从书本上讨生活的从事社会科学研究的共产党员，不是一批一批地成了反革命吗？就是明显的证据。我们说马克思主义是对的，决不是因为马克思这个人是什么"先哲"，而是因为他的理论，在我们的实践中，在我们的斗争中，证明了是对的。我们的斗争需要马克思主义。我们欢迎这个理论，丝毫不

存什么"先哲"一类的形式的甚至神秘的念头在里面。读过马克思主义"本本"的许多人,成了革命叛徒,那些不识字的工人常常能够很好地掌握马克思主义。马克思主义的"本本"是要学习的,但是必须同我国的实际情况相结合。我们需要"本本",但是一定要纠正脱离实际情况的本本主义。

怎样纠正这种本本主义?只有向实际情况作调查。[1]

那个"曾经"如何有效地解释当下的我们?那个"彼地"如何有效地解释当下的此地的实践?所有的权威,都会遭遇新的具体时间与空间的质疑。这是权威所遭遇的第一个困扰。

---

[1] 毛泽东:《毛泽东选集》(第一卷),北京:人民出版社1991年版,第111页。

第十七章 知识普及、科技的赋能与平权对研究方法的影响

第二个影响权威有效性的原因，是个人赋权。在古代，"教育"从来都是少数人掌握的特权。孔子之所以被尊为万世师表，很重要的原因，孔子是中国第一个民间教师，他使学习这件事情能够向众生普及，所以他说："有教无类。"在古典时代，掌握知识进而成为知识分子在很长时间内都是某一个社会阶级的特权。但到了近代，当获取知识的门槛越来越低，曾经的权威自然就遭遇挑战，乃至瓦解。权威由是不断地分散，在代际之间分散，在职业之间分散，个人掌控的权威之密度也被渐渐稀释。我们目前所看到的，是一个权威无法立足的

时代,这就能解释我们日常生活中出现的某些新词。比如,以前称教授(professor)时,是教学的"教",授予知识的"授",而现在是喊叫的"叫",猛兽的那个"兽"。看上去这只是一个语词的玩笑,但同时也说明,教授们已失去往日的权威,已经可以被众生戏谑、玩弄、指点了。所以我们在当代世界,包括当代中国,可以明显地发现一个强大的反智(anti-intellectual)的传统,这是近现代的一种常见的思想运动。越是权威的人讲话,越容易让人们觉得不可靠,"知识越多越反动"。真正的真实与智慧,被很多人认为乃是源于自下而上的草根力量。

这种话语系统的变革表现出一个社会的基础的认知革命与人们的思维方式的变化,而这类反智的言辞,在中国的古代社会很少出现。古代讲究"天地君亲师",老师是在一个极端的权威序列当中被尊奉的,如今竟然允许人们这样去调侃老师,是不可思议的。虽然老师中有害群之马是一个原因,但这不是最重要的原因,因为每个时代的老师中都会有害群之马;最重要的原因是人和人之间在基本智识上的差异正在变得越来越小,因此那些垄断知识而获得权力的人正在逐渐地丢失他们的知识势能,大家所知的差异(特别在资讯层面)在缩小,所谓"闻道有先后,术业有专攻,如是而已"。

除了知识普及,近几十年的科技革命则愈发加剧了这一现象。在现实中明显地出现了后一代对前一代的知识反哺。原来的教育基本上都是由上一代具有经验和年龄优势的人向下一代进行传递，但是在今天这个时代出现了一个相反的趋势：有经验、有学养、年龄较长的人反倒要向年轻人学习，因为他们不懂手机、不会微信、不会用支付宝，所以知识传递出现了一种代际之间的逆向流动。

在中国传统社会，有句话叫"天不变，道亦不变"。老年人有权威建构在对世界和社会发展的历时性积累和洞察之中。世界发展、社会变迁尽在他们掌握之中，因为一切都在重复，所谓"太阳底下没有新鲜事"。但今天不是，因为当下天天都有新鲜事，时代高速变迁，80后、90后都可能患上怀旧症，所以老年人越来越不了解当代的现实，越来越不了解正在变化中、转型中的社会，老年人的权威也因此逐渐被消减，年轻人的合法性则逐渐被增强。我们现在所处的这个社会，从知识社会学的角度说，是一个权威被自然瓦解的社会。

而出现这种代际反哺的原因，主要是科技赋权个人，特别是赋权年轻人而导致的权威呈现离散。不仅仅在代际之间，也在任何一个社会的职业场域。因为权威在当代不仅仅来自权威的首肯、历时的累积，还可以来自简单的"在场"。举例说明：我可能是一个著名的新闻记者，而你是住在日本福岛的居民，当核泄漏发生时，我们俩谁有权威？也许在专业训练与规范的意义上，我有权威；但是在新闻传播、受众感应、政治表达、流量影响的意义上，因为你在当下，你在事件发生的现场，你拿起手机便可以告诉我们现场发生了什么，你可以当场采访周围的邻居，可以让我们看到第一手的资料，因此你变成最"权威"的人。在这个意义上，甚至最专业和最老到的记者都没有你权威，单一权威，至少遭遇消散和稀释。

在这个权威被不断稀释的大背景下，未来将会越来越多地呈现出平等——用一句浪漫的话来说，就是：每个个体都有永垂不朽的价值。以权威作为论证依据，会透露出"奴役"的蛛丝马迹。这个时代允许我们做出这样的判断和选择："我"之所以认为死刑应该废除或不应该废除，不是因为任何人，而是因为我独立自主的决定和有效的判断。在平等的意识形态氛围中，我们很难解释为什么贝卡利亚、卢梭对当代中国死刑存废的判断，会绝对地优于一个中国青年的独立判断。

在社会实践的诸多领域，平等都实现了，或者成为大家可欲的一种追求。除了在漫长的20世纪中反殖民、反男权、民权运动崛起等轰轰烈烈之社会运动对人类平等状况的显著推进，到了新世纪，这种趋势完全没有任何停止的意思。在媒体领域，如果天天让你看官方报道，你肯定无法满足，你还会寻找自媒体的声音甚至自己独立发声;在司法的领域,司法的专断性力量让你觉得无法接受,所以出现替代性争议解决,非民主的专断力量就是法庭,法庭本质上是一个专断系统,虽然我们说民主法制,但民主是民主,法制是法制,法制本身是高度专制的。美国人民选出的总统,戈尔和布什选票重新计票之争,为什么最终的结果将有可能被美国最高法院的九个人决定?这便是专制,只是九人专制而非一人独裁而已。法院是高度专制的,唯一的标准答案就是专制,高度确信就是专制。明明有可能是错的,二审结束后没有别的救济途径,这就是专制。所以我们要走出法庭去寻找非诉讼的纠纷解决方式。[1] 医疗领域也在变得越来越民主,心理医生做医疗咨询的时候本来是病理化的逻辑,他说:"你病了,你需要吃药。"现在变成了咨商逻辑:"我是陪伴你的,我不是治愈你的,而是让你自己成为你生命的真正主人。"心理治疗师要特别防范僭越他人的生命,确定这是"你"的生命,"你"才是掌握自己生命主权的人,而不是我居高临下地治疗;教育领域也在不断平权,比如"翻转课堂"。不平等的课堂就是教师的一言堂,这种课堂构造是为了更有效率地实现知识灌输,是为了培养工业时代规格化的产业工人而建构的。学生只能吸收、聆听、接受,无法参与,

---

[1] 参见熊浩:"知识社会学视野下的美国 ADR 运动——基于制度史与思想史的双重视角",载《环球法律评论》2016 年第 1 期。

更不可能成为具有课堂控制力量的主体。而现在课堂不能如此了,现在学生需要课堂具有更多的互动,学生需要发言,甚至成为学习和传授知识的能动的主体。[1]

在互联网领域,更是高度地突出平等,因为看报纸就是高度的不平等——人们无法自己决定想看什么,是编辑从宏观出发给你你需要的资讯供给。但是,互联网会通过大数据的采集来分析你的喜好,它会只让你看你想看的,你像皇帝一样被宠爱,没有人凌驾于你发号施令(但这也会有坏处,最大的坏处就是,如果你不去图书馆你根本就不会知道这个世界上会有这本书,因为你对知识的了解是非常狭隘的。如果你的知识永远用你的喜好来建构,你会越来越狭隘,这就是为什么在互联网上人越来越容易产生冲突,因为凡是不同的意见都被你拉黑了,所以你越来越没有机会锻炼与差异沟通的技能,互联网会宠着你,然后你就变成一个"开裆裤人格"了,就是不高兴就拉黑,完全不在乎别人的感受);在管理领域,管理不再讲管理,而讲 leadership(领导力),leadership 和 management 的差别在很大意义上就是关于平等,管理的意义上也不是管理者高高在上,处在科层制的顶端,用权力控制,而领导力是将我们转化

---

[1] 参见[美]拉塞尔·L. 阿克夫、丹尼尔·格林伯格:《翻转式学习:21世纪学习的革命》,杨彩霞译,北京:中国人民大学出版社2015年版。

为一个 team（团队），以所谓"以身作则"，能与团队成员"共启愿景"，与大家共同成长。平等的意识正在扎根，平等的力量正在四溢。

权威瓦解是因为其本身的时间空间的局限性，是因为教育赋权和知识普及，是因为科技赋权而导致代际之间知识传递方式的不同，以及最重要的，是因为平等这个既是原因也是结果的重要现代意识形态。每个人都具有一样的权利这件事不仅仅是作为一个政治实践，而且是作为一个生活实践在每一个领域强有力的贯穿，而使得我们越来越多地强调自治（autonomy）。在完成证明的时候，我们要选择诉诸权威或是诉诸经验，而现在诉诸权威越来越不靠谱了，因为权威在凋落，所以诉诸经验自然就成为近代社会科学的越来越被认可的研究范式。所以，在所有的社会科学中，我们都会观察到传统规范研究方法向经验研究方向移动的学术迁徙，即越来越多的学者开始转向做经验研究。

法学是整个社会科学领域中抵制这场迁徙的强悍的堡垒，因为法学是一个"自为自洽"的解释系统，法学是可以高度依赖诉诸权威的，权威不一定要是名人名言，权威也可以是成文规范。法律可以靠诉诸权威来形成一个封闭文本的解释系统，因此，法律就可以抵抗社会科学对它的侵蚀。法学当中越具有悠久传统的基础学科，就越能够形成一个自洽的、内生性的解释系统，就越能抵抗经验论证的挑战。但坦率说，在法学学科当中，较晚出现的，自己的学术传统比较单薄的，就不太能够抵抗社会科学的侵蚀，就会不得不在一定程度上社会科学化。到今天为止，能够抵抗社会科学的法学门类，就只剩下一个半了——民法和刑法。这当中第一个，也是最重要的就是民法，民法是可以完全抵抗社会科学的侵蚀的，中国法律教义学的中心阵地和主要的学术主将几乎都是做民法学研究的，他们可以在民法框架内部，以请求权和个人自治作为法律解释的逻辑与价值起点开始形成概念树，从而建构一个精密而庞大的规范体系。这种类似演绎逻辑的思路有点像德国古典哲学的研究理路，所以民法系统跟德国及德国古典哲学都是有非常紧密的关系，它们在思维路径上呈现出很大的类似性。但像后发的一些学科，比方说劳动法、环境法、经济法、竞争法、非诉讼纠纷解决，这些学科如果你不诉诸经验基本上非常难创造新知，如果勉力为之，很容易变成设想的堆砌或写作的八股——它既没有智识的洞察，又不做经验的研究，它就变成了八股，很难给读者提供真正的新知进步。所以，从整体上看，有学者就认为法学研究也在整体上出现了朝向经验研究迁移的趋势[1]。

---

[1] Fiona Cownie, *Legal Academics: Culture and Identities* (Oxford: Hart, 2004), p. 58.

而从道德哲学的视角看，按照当代自由主义的说法，经验恰恰可以成为一种不同偏好的对话可以凭借的公共话语。按照罗尔斯对"公共理性"（public reason）问题的分析，他认为当我们对某一个问题有分歧，比如说在伊朗女性能否穿比基尼，如果你提出的理由是《古兰经》，那么我们就无法沟通了。因为对话者也许不是一个穆斯林，而你使用的是宗教话语（religious discourse），不是公共话语。公共理性是我们共享性的原则、标准，如果每一个人都是平权的，那你的价值便不能强加于我，反之亦然。所以，在对公共政策进行讨论时，我们必然要开拓一个公共理性领域，这是一种朴素的真理，是一种能被普遍接受和接纳的原则。在这个新开辟的领域中，我们是可以对话的。但如果我们固执地坚持故我的宗教或哲学原则，那我们故我地使用自己的话语体系是无法对话的，是冲突的。[1] 但通过数据化的标准、量化的标准、经验化的标准便可以脱离意识形态，从而可以对话。[2] 这就是为什么在价值观产生巨大分歧的时代，经验研究依然立而不败的另一个非常重要的原因：它开辟了一个公共话语的场域。我们如果不在哲学层面而是生活层面举例，

---

[1] John Rawls, *Political Liberalism* (New York: Columbia University Press, 1993), pp. 224-225.
[2] 其实没有一种话语可以脱离意识形态。但同时也有问题，社会科学的进步过程往往会忽略一个大的前提，社会科学会把这个进步过程包装成一个客观的过程，但这个过程仍然是一种藏匿的偏好，这一点我们在后面方法论的部分会具体讨论。

比如：你我是邻居，你每天半夜都爱放声高歌，我每天受你困扰，遂发生争吵。我说你一点社会公德都没有，是个垃圾邻居——在这样的话语框架中我们就很难对话了，因为这变成了一个立场性的批评或者人格性的攻击。但是如果说我们把它转换成"经验事实"：你从几点到几点唱歌？声音多大？我们还拿一个分贝仪测一下音量有多大，会不会穿过墙让别人听到，甚至还可以放一个和你同样分贝的声音，让唱歌的邻居也来感受一下。这一切都是在经验中，你会发现这个纠纷其实暴露出一个我们双方共享的话语空间，我们可以用这个共享性的话语来进行对话。

简言之，从权威凌驾走向经验平等，这基本上是一个现代人类思想发展的基础性脉络。我们从权威的松动，到个体的力量被充分地释放而平权，再进一步到彼此之间不允许给对方奴役的压制与价值观的强加，这个过程中我们唯一剩下的就是经验事实本身，通过经验事实我们仍然可以再次对话，这便是经验为何越来越重要的思想性原因。

第三部分

批判思维

CRITICAL THINKING

第十八章 "批判",一个语境问题

这一部分我们将介绍批判性思维。注意,我们是在研究的意义上讨论批判性思维的。与其他思维方式相比,批判性思维对于揭露、发现、思考既有研究的不足,从而帮助我们找到研究的间隙——那些可以进行学术接力和值得完成知识创造的部分,具有特别重要的价值,可以有效地帮助我们梳理和综述文献。在研究的意义上,批判性思维会帮助我们 think differently,从而创造新知。

Criticize(批判)一词在朗文英文字典中的定义是:表达对具体的人或事情的反对,或是谈论它们的错误（To express disapproval of someone or something, or to talk about their faults）。简单来说，就是"打脸"的意思，是对别人的指责、批评、否定，关注人和事件中的瑕疵。当你看到或遭遇"批判"这个语词，你大概首先想到的语词含义便是这个意思，一种与否定密切相连的意涵。事实上，任何语词都受到具体时空语境的深刻影响。"批判"这个语词是革命时代的高频词，充斥于公共话语之中，它是斗争哲学的一种重要实现方式，是"踏上千万只脚，让他永世不得超生"之意。所以在这个意义上，批判带有摧毁的意思，带有否定的意思，不可能孕育任何思辨与创造性的价值。而在改革开放以来，批判之意味变得具有思想高度，意义转变为思想的省察与透射。在这个意义上的批判，已经和我们要讨论的批判性思维有几分意涵上的接近了。

如果你在英文世界查找 critical thinking 的含义，你会发现如果按剑桥英文字典的定义，它几乎是世界上最美妙的东西之一，它的英文释义是：The process of thinking carefully about a subject or idea, without allowing feelings or opinions to affect you（仔细思考一个主题或想法的过程，不让感情或观点影响你）。按照一些学者的理解，批判性思维是一种有目的的、自我觉知的思维过程，这个过程是一个认知客观、逻辑清晰、判断公允、重点突出、表意明确、叙述完整、说理充分的分析和评价过程，从而形成一个有效的判断。[1] 所以，批判性思维与批判决然不同，在很大程度上，批判思维其实就是最科学的想法，理性的认知，这样一个美好而完备的思智过程就叫 critical thinking。著名学者罗伯茨·恩尼斯对批判思维的定义是合理的、反思性的思维，其目的在于决定我们的信念和行动。[2] 简单来说，批判性思维就是一种优质的思维方式，就是全面而理智地思考问题，能够细致地洞察，能够科学地评价，从而完成一个结论——这是我们对批判性思维在语词层面的定义。考虑到"批判"一词在中国语境中特殊的含义，为避免误会，有学者主张将 critical thinking 译作"审辩式思维"或"明辨性思维"。不过，基于学界及社会更一般的使用习惯，我们在此仍用批判性思维指代 critical thinking，只是要和大家澄清：它并不是一个简单的否定或抗争性词语。

我在这里与其说是介绍批判性思维的定义，不如说是在纠正"批判"这个语词在我们脑中根深蒂固的一个

---

[1] Eileen D. Gambrill, *Critical Thinking in Clinical Practice: Improving the Quality of Judgments and Decisions* (Hoboken, N. J.: Wiley, 2nd ed, 2005), p. 11.
[2] Robert H. Ennis, "A Taxonomy of Critical Thinking Dispositions and Abilities" in Joan Boykoff Baron and Robert J. Sternberg eds., *Teaching Thinking Skills: Theory and Practice* (New York: W. H. Freeman, 1987).

话语习惯。我们即将走入的所谓批判性思维不是一个否定性思维，不是一个让对方被彻底消灭的斗争哲学；相反，它是一种更有科学价值的、更缜密的对思维有反身性的和创造力的思智历程。

我们学任何一门学科，在开篇都会介绍概念。但如果看到一本教科书，你发现一开始它讲的是某一个概念的定义，然后它开始强调这个概念如何重要，接下来它开始和你讨论分类，你看完了很多章，你写完了很多笔记，你最后问自己一个 so what，发现自己 know nothing，你便是被由概念堆砌起的一个一个虚构的幻影城堡给耽误了。结果是一阵现实的大风吹来，这个城堡自然完全消失，你还是孤身一人站立在大地。我们大量的阅读和学习过程在实际意义上不能让你洞彻知识的意味，也许写作者真想写一本教材，然而他也不知道怎么写，他只能从定义、特征、价值、分类这些概念范畴入手，从而堆砌起一个冗杂的概念体系。如果说老师上课是这样上的，一本教材是这样写的，这样的教学便无法产生智识启发，因为问题意识与洞察的空场。

对于一般读者而言，批判性思维的严格概念或许不是重点，我们介绍什么是批判性思维是在厘清一些概念理解的误区，真正的重点是感知、适应并判断自己是否处于一个批判性思维的状态当中。文森特·鲁吉罗做了一个概括，从而更加精细地刻画出处于批判性思维之状态：

1. 把你对任何人、议题或情势的第一反应看作尝试性的；

2. 判断你为什么会作出这种反应；

3. 考虑你有可能对这个人、议题或者情势作出的其他可能的反应；

4. 询问你自己是否还有其他比你的第一反应更恰当的反应。[1]

如果说鲁吉罗强调的是心理学层面的自我省察，那么，李天命则从方法学层面，为我们提供了批判性思维的指南。他称之为"思考三式"：

1. 厘清式：×是什么意思？（×可指某种理论、观点、思想、说法等）

2. 辨理式：×有什么理据？

3. 开拓式：除了×，还有什么值得考虑的可能性？[2]

从以上两位学者的归纳中，我们可以看出：学习批判性思维，理解批判性思维，实践批判性思维，实际上是学习、理解和实践思智的某种不确定状态，就是我"慢"而不是"快"，我"疑"而不是"信"，我"问"

---

[1] 参考［美］文森特·鲁吉罗：《超越感觉——批判性思考指南》（第九版），顾肃、董玉荣译，上海：复旦大学出版社2015年版，第15页。
[2] 参考李天命：《哲道行者》，北京：中国人民大学出版社2010年版，第144—148页。

而不是"答",我"流连"而不是"抵达",我"游泳"而不是"上岸"——我并不急着拥抱结论,也不急着依从直观,而是让自己的思绪能够暂时停顿,以至于能够有更充分的时间让思想有深度的展开。在这里,我举一个例子,让大家对批判性思维有更加直观的感受。

从劳动所得中征税与强迫劳动没有区别。有人认为这个观点是明显正确的,因为征收工人 N 小时的收入就像从工人那里拿走 N 小时一样,就像强迫工人为了另外的目的去工作 N 小时。当然,其他人认为这种说法是荒谬的。但即便是这些人(认为上述说法荒谬者),如果他们反对强迫劳动,他们将同样反对强迫让失业的嬉皮士们去为了有需要的人而去义务工作⋯⋯

选择去加班赚更多钱的人们认为某些额外的商品和服务比休闲来得重要,然而选择不去加班的人们则认为休闲比这些商品和服务来得重要。既然如此,如果对于一个税制而言,强迫让一个人去为了穷人义务工作是不正当的,那么为何强行占取一个人的一些收入却是正当的?[1]

即便在运用批判性思维的过程中,往往涉及质疑与

---

[1] Robert Nozick, *Anarchy, State, and Utopia* (New York: Basic Books, 1974), pp. 169-170.

否定，但这却是遵从理性法则的（而非基于情绪反应或斗争哲学意义上）质疑与否定。更重要的是，质疑与否定不过是手段，批判性思维的目标是充满建设性的——提升我们的思考品质，以便作出更正确的决定。所有的"破"，都是为了更好地"立"。

第十九章 澄清语意,从而使表述清晰

上述内容简单介绍了批判性思维的概念,那么接下来,批判性思维具体需要做些什么呢?批判性思维涉及许多不同的面向:语意分析、逻辑推理、发掘隐含前提、谬误分析、科学方法论、洞察修辞技巧等。我们在这里将详细讨论语言、逻辑、前提与语境四大方向,第一个便是语言问题,即"澄清语意,从而使表述清晰"。

求真,无疑是批判性思维的一个核心诉求。那么,真理最大的天敌是错误吗?答案是否定的。错误的言论若意义清楚、所指清晰,也能让人通过理性分析知其为错。真理最大的天敌,是模糊不清的暧昧言论。这些言

论似乎意有所指，但又语焉不详，让人们陷入语词迷雾而深感困惑。下面便是其中一例。

> 在全球 9 家航空公司的 140 份订单得到确认后，世界最大的民用飞机制造商之一——空中客车公司 2005 年 10 月 6 日宣布，将在全球正式启动其全新的 A350 远端客机项目。中国、俄罗斯等国作为合作伙伴，也被邀请参与 A350 飞机的研发与生产过程，其中，中国将承担 A350 飞机 5% 的设计和制造工作。这意味着未来空中客车公司每销售 100 架 A350 飞机，就将有 5 架由中国制造。这表明中国经过多年艰苦的努力，民用飞机研发与制造能力得到了系统的提升，获得了国际同行的认可；这也标志着中国已经可以在航空器设计与制造领域参与全球竞争，并占有一席之地。由此可以看出，在经济全球化的时代，参与国际合作将带来双赢的结果，这也是提高我国技术水准和产业国际竞争力的必由之路。[1]

看完上面这段话，你不妨先停一下不要继续阅读，花两分钟斟酌一下这段话中有什么语义不明的问题吗？

你可能会指出以下问题。比如，不能将"5%"等

---

[1] 2006 年 1 月国家 MBA 考试论证有效性分析真题。

同于"每100架中的5架";又如,"5%的设计和制造工作"说明设计和制造加起来是5%,可能是设计占3%,制造占2%,因此将"承担5%的设计和制造工作"理解为"每销售100架A350飞机,就将有5架由中国制造"是不确切的;再如,中国被邀请参与A350飞机的研发与生产过程,并不足以说明中国已经获得了国际同行的认可,也不能说明中国已经在航空器设计与制造领域占有一席之地,等等。仔细推敲上面这段话后你会发现,这段话的语义非常模糊和混淆,因此它的核心推理并不完善。这段话的文本内容非常简单,但从文本模糊的语义中,我们既得不出100架A350飞机就将有5架由中国制造的结论,也得不出我们的民用航空水平有了系统提高甚至我国已在全球竞争中占有一席之地的结论,因此这段话中并没有足够清晰的信息能够支撑起相关结论的有效性,还有大量语词的含义需要澄清。

我们对外部世界是通过概念进行把握的,所以所有的话语言说都在某种程度上被概念包裹。社会语言学和阐释学都认为概念是模糊的,即使概念的使用者尽力使其细致、精准,都无法完全收缩其多元解释的空间,理论家们讨论的所谓"能指-所指""作者已死""被抛状态""主体视域"都涉及语言及概念的不确定性这个问题。罗素把上述情况概括成哲学中的一个经典命题——"桌子和桌子本身"[1]。假设我们面前有张桌子，我们的感官只能捕捉到它的质感、颜色、体积、硬度、它的实体存在。但这五个方面一定是在我们脑中经过了某种无法用语言描述的过程，才成为了被我们称为"桌子"的东西。你可以把它理解成一种判断、一种处置。所以当我们问"这是什么"的时候，你会发现"这是桌子"这样的描述极为模糊，因为一些来源于感性真实的关于这个桌子本身的质感被洗刷掉了，使得我们使用"这是桌子"这一语词对那个感性对象进行描述时，终究无法把"此桌"与"彼桌"不同的具象区分开。当我用语言描述时，已经在化约了。我们说这张桌子有多宽、有多高、在哪个具体地点，是不是就可以准确定位它了呢？并非如此。如果对话者对长宽高、地点这些语词的认知不一致，依然存在模糊，则还需要澄清——罗素在这里所说的便是观念形成的主观。熟悉康德思想的朋友便知道这是所谓的"二元论"，即认识和事实之间的鸿沟，以及人际交互之间的困难。

基尼齐和威廉姆斯在他们著名的《认识管理》一书中，将语义障碍列为影响有效沟通的三个重要障碍之一。他们举例说道："当一个监督者告诉你，'我们要立刻将这件事完成'。这是什么意思呢？'我们'仅仅是指

---

[1] 罗素的原问题是：（一）到底有没有一个实在的桌子呢？（二）如果有，它可能是个什么样的客体呢？

你吗？还是指你和你的同事呢？或者你、你的同事和老板呢？'立刻'指的是今天、明天还是下个星期呢？"[1]我们应该看到语言或者概念的这种高度的不确定性，这种不确定几乎是必然的，但这种必然并不意味着我们作为交流者就束手无策。我们可以澄清、可以商谈，可以至少避免最表层的混淆和模糊。对这种语词的不确定我们可以保持适当的敏感，从而在思考过程中把语言不清晰的部分"问题化"，即用追问和商谈去进一步澄清语义——"立刻"是什么意思？"我们"是什么含义？具体指的是什么？通过进一步的语义上的自我要求和交流中的继续澄清，我们可以获得一个对概念尽可能清晰的认知。

总而言之，"使之清晰"（make it clear）是批判性思维的起点。面对外界纷繁复杂的资讯，我们首先要做的是思考它的意义是否清晰，是否有故弄玄虚、蒙混过关的嫌疑？而在自己说话写作时，也应该尽量澄清语意，使自己的观点清晰可辨。只有语意清晰，有意义的讨论才有可能发生。特别要注意的是，以上并不是说凡是你看不懂的东西，就一定是"nonsense"。毕竟，有的修辞性文本（如诗歌、剧本、散文等文学作品抑或是

---

[1] [美] 安杰洛·基尼齐、布莱恩·威廉姆斯：《认识管理：管什么和怎么管的艺术》，刘平青译，北京：世界图书出版公司2013年版，第439页。

恋人间的情话）恰恰是以语言模糊性来传达情绪、营造意境的，这属于艺术范畴，当然无可厚非。但就更一般的文本（如政治谈话、日常交流、学术讨论等）来说，言说者就应当"好好说话"。也就是说，只要读者尝试理解相关术语的含义并结合上下文语境，就应该能读懂文本的意义。否则，这篇文本的质量就值得怀疑。

第二十章 明辨逻辑,从而使论证合理

要讨论清楚逻辑问题,我们有必要介绍一些最基本的概念。首先,什么是命题呢?命题是指人们通常使用陈述句所断定的东西,它是有真假可言的。而所谓有真假可言,说的是这个陈述句所断定的东西符合或不符合客观事实。我们看以下几个例子:

1. 请进!

2. 当今的美国总统是谁?

3. 中国的首都是北京。

4. 北京是中国的首都。

在上述例子中,例1表示命令,是一个祈使句,并没有真假可言，所以不是命题；例2是疑问句，同样没有真假可言，也不是命题；例3和例4都为陈述句，有真假可言，故是命题。由于例3和例4所断定的东西符合客观事实，所以称为真命题。同时，尽管这两个例子在字面上并不相同，但表达的是同一个命题。

了解命题的定义之后，就可以介绍论证了。所谓论证，是指一个命题从其他命题推出，后者为前者之真提供依据或支持。我们把前者称为结论，后者称为前提，两者之间的关联称为推理关系。简单来说，要找出论证，就是找出前提、结论以及推理关系。试看以下案例：

1. 物质是世界的本原。

2. 所有人都会死，苏格拉底是人；所以，苏格拉底是会死的。

3. 小明有明显的杀人动机，在案发现场和凶器上都留有指纹，且有证人声称看到了他行凶的过程；所以，小明是杀人凶手。

例1常见于我们的政治课本中，相信大家耳熟能详。不过，例1并没有完整的前提、结论与推理关系三要素，故只是一个命题而不是一个论证。例2则是一个在逻辑教材中广为引用的经典论证。"所有人都会死，苏格拉底是人"是前提，"所以"是一个典型的结论指示词，而"苏格拉底会死"是结论。这显然是一个论证。例3同样也是一个论证，前3个分句都属于前提，最后一句则是结论。

由于本书主要不是讨论形式逻辑，而相关知识也会有很多书籍[1]可以查到，因此，关于一般逻辑知识部分，本书不做赘述。我们在这里只是对论证有效性做一些讨论。事实上，一个合理的论证须同时满足两个条件：第一，演绎有效或归纳强；第二，所有前提均可接受。那么，除了凭借自身的理性直觉以外（我们在生活中常常是凭直觉判定的），有没有什么可操作的方法能帮助我们判断某个论证有没有"达标"呢？当然有，批判性思维和逻辑学为此提供了系统全面的方法论工具。但我们在此向大家介绍的，仅仅是一套简明实用的小技巧。善用这套技巧，能帮助我们在实践中快速检验一个论证的合理性。该技巧分为三个方面，分别是：事实资讯检查、相抗成因检查及相抗价值检查。如果一个论证能顺利通过这三方面检验，就算是一个合理的论证。我们来看以下案例。

我们可以先提供一个简单的论证："吸烟有害健康，所以不要吸烟。"在这里，我们首先把这个论证还原为三段论：因为健康是重要的（大前提），吸烟有害健康

---

[1] 例如［美］D. Q. 麦克伦尼：《简单的逻辑学》，赵明燕译，杭州：浙江人民出版社2013年版。

（小前提），所以不要吸烟。

在这个基础上，第一种反驳或者检视，就是事实资讯检查，即检查前提是否与事实相符。上述案例中，我们可以检查"吸烟真的有害健康吗？"如果我们能够发现扎实的吸烟无害乃至有益健康的证据，则这个论证就不再成立，因为你提供了相反性的事实。虽然你也许会认为"吸烟无害健康"这个想法目前看来有点荒谬，但是在很多领域中，找到事实性的相反证明并没那么复杂。比方说，"因为死刑能够震慑犯罪，所以死刑不应该废除"。我们还是先还原一下三段论：犯罪需要被震慑，死刑对犯罪有震慑作用，所以死刑不应该被废除。

这个论证中的小前提是死刑对犯罪有威慑作用，这构成了坚持适用死刑非常重要的原因，似乎也和我们的常识判断一致。但是如果你看整个世界死刑废除的历史后就会发现，在一些国家废除死刑的前后时间段内，犯罪率并未出现明显波动，也就是死刑是否具有威慑犯罪的功能至

少是存疑的——这其实就提供了一个新的相反事实。[1]这就是我们对逻辑的第一个层次的检验,即事实资讯检查,通过证明前提A在事实上不成立,来反驳论证。

第二,相抗成因检查,即排查其他原因,提出其他原因是否足以推出相关结论,也就是考虑如果C也导致B,我们是否也能接受C？如果需要对犯罪进行震慑,是不是有很多其他的方法呢？——例如终身监禁。终身监禁是剥夺一个人一辈子的人生自由,这种方法能够震慑犯罪,并且可以避免死刑的种种问题,是不是一种更好的方法呢？再进一步,贝卡利亚曾经说过:"法律的震慑力,源于承担犯罪后果的必然性,而非承担犯罪后果的严重性。"[2]所以在贝卡利亚看来,犯罪需要被震慑这个大前提没有错,但真正产生震慑的,不是死刑这种严重的刑罚,而是"莫伸手,伸手必被捉"这种有罪必罚的必然性,是犯罪必然被抓的必然性。这两个反

---

[1] 联合国1988年和2002年对死刑的改变和杀人犯罪率的关系进行调查研究表明:令人信服的事实是,统计数据继续指向统一方向,如果国家减少对死刑的依赖,不必担心犯罪率会发生迅速而又重大的变化。来自废除死刑国家的犯罪数据没有显示,废除死刑产生了有害的影响。例如,在加拿大,杀人犯罪率从1975年(废除杀人罪死刑的前一年)每十万人的3.09顶点降到1980年2.41,从那时起加拿大一直都未使用死刑。2003年,废除死刑后的第27年,杀人犯罪率是每十万人1.73,还不到1975年的44%,为30年来最低。见 Roger Hood, *The Death Penalty: A World-wide Perspective*, (Oxford, Clarendon Press, 3rd ed., 2002), p. 214.

[2] [意]贝卡利亚:《论犯罪与刑罚》,黄风译,北京:中国法制出版社2002年版,第68页。

驳——终身监禁和"刑罚必然性"都不是认为前提错误了，而是导入了新的前提，从而认为论证不成立。在这里我导入了一个新的原因 C，因为 C 导致 B，而不是因为 A 导致 B，这种反驳攻击了对方论证的归因逻辑。

第三，相抗价值检查，即尝试质疑原有价值，来判定前提是否足以推出结论。也就是考虑大前提 A 究竟有多重要。A 有没有可能不重要呢？你说 A 导致 B，因为吸烟有害健康所以不要吸烟。但此时我导入一个新的价值：健康不重要。比如：有人认为快乐最重要，有人认为自由最重要，有人认为"舒爽"最重要……你活着，活得有滋有味，活得活色生香，这个比较重要——所谓"不疯魔，不成活"。所以那些真正喜欢香烟的人，难道仅仅只是因为抽烟而抽烟吗？难道不是因为香烟带来了快乐吗？所以在这里我通过崭新价值观的渗透，促使你落入选择健康还是选择自由的境地。我们在讨论问题时，聚焦某一个侧面进行论证就是类似这样的操作。你不需要关心其他面向，你不需要在意对方的论说，因为他们讲述的这些都"不重要"。这个部分的证明就不再诉诸逻辑的证明，而是诉诸主观的证明和说服的力度。换句话说，也就是我觉得你讲得真"好"，而不是我觉得你讲得真"对"。它不是依靠"形式逻辑"的可证成性让观点成立，而是运用说话者的影响力，通过感性的"人格通道"之成功修建而将你"说服"的。

以上三方面的检验只是提供思路、抛出问题，这只完成了评估论证的一半工作。剩下的一半是查阅资料或沿此思路继续省察，看看这个论证是否真的能通过这三方面的检验。若能，则是一个合理的论证，值得我们重视；反之则不合理，需要重新考虑。只有在明辨逻辑，从而使论证合理的基础上，我们才能进一步追求智慧的洞见与思智的创新。以上内容是关于在逻辑层面上对观点的省察和对思维的判断，这些内容大家可以在任何有关形式逻辑的课程中获得详细的讲解。形式逻辑可以极大程度地锻炼我们思维的速度、细腻度和精确性。

有一个小经验：提高形式逻辑能力的方法不是阅读，而是做题。在这里我们介绍了一些基础的逻辑判断，希望帮你建立一些基本的逻辑感知，并介绍了检查一个观点的有效性的三个层次（其实也是反驳的三种方法），当然不是说批判性思维就是逻辑，也不是说任何一个观点、想法、论证都需要完美无缺，三个方向均无瑕疵，而是说如果一个观点在上述三个维度都可以被颠覆，那你应该重新考虑这个观点的价值，并反省其在基础事实和基础逻辑中存在的明显问题。"明辨逻辑从而使论证合理"是批判性思维最基础的一个维度，是对一个人最基础逻辑能力提出的门槛性要求。但是，这并不是批判性思维中最重要的部分，最重要的部分仍然是如何使得思辨走向纵深，而这种能力才会带来观念的开拓乃至思智的创新。

第二十一章 检视前提,从而使新知启迪

在讲授研究方法课程的时候,我会和学生分享一个观念,那就是所有人都需要认识到我们身处的是一个"去真理"的时代。这一点我们在讨论什么是理论的时候已有提及。

什么是真理?真理是超越时空限制的终极真相。真理来自一种信念,一种将怀疑与质询挤压干净后的信念。在宗教信徒的眼里,上帝的全知、全能、全善不会因为温度的变化而变化,今天要刮风下雨还是月朗风清,都不会影响上帝的全知、全能、全善;上帝的全知、全能、全善,也不会因为文化语境的变化而发生变

化；上帝的全知、全能、全善不会因为身处华人社会还是欧洲国家而改变，它不受时间空间跟外部客观条件的限制，它贯通所有的语境。而我们今天所谈的知识，无论是自然科学还是社会科学，并不是抱持这种"真理"的态度——即使我们在求索的过程中满怀一颗求真的心——我们所言说的，乃至学术界所有同仁们言说的，乃是"知识"，至多是伟大的"理论"，而不是不容置喙、无法怀疑的"真理"。

我们所言之"知识"，便是一种受到时空限制的东西，因而所有知识都有其边界。这恐怕是现代自然科学和社会科学的基本共识，那就是所有知识都是有边界的，因此可能有遮蔽、有不足、有局限——或者用波普尔的话说，可以被证伪。所以，按照现代自然科学和社会科学的标准，如果各位所在的学科居然在某种程度上敢说自己是科学的话，它就一定要标定自己的限度。有限度，对话、批判、拓展乃至颠覆也才成为可能；有限度，也才能积累和进步。

这里所说的"理论的边界"或"知识的限度"，也就是指理论或知识得以良性运转的隐含前提。这些隐含前提常常成为我们思考的盲区，它们有的暗藏在眼花缭乱的理论包装之中秘而不宣，有的则根植于社会的思维惯性而被人们视为习以为常。发掘并检视这些隐含前提，能将我们的思考导向观念世界的"丛林深处"，有助于新思维、新洞见的产生。

首先我们来看一个有关决策的例子。请问问自己，你会为了很小的利益（比如一块钱）打官司吗？我们国家曾经经历过相当长的一段时间，觉得你如果没有为一块钱打官司，那就是不为自己的权利而斗争。这说明你落后，说明你的权利观念是完全没有觉醒，没有用法律的武器捍卫自己利益的任何主观能动——"权利如果不用来争取，权利就是一张纸"——你简直就应该被社会淘汰。这种高度原子化的正义观，忽略了什么？忽略了司法的成本，或者正义的成本，乃至抹去了个人在自己的生命局势中对自己利害关系的理性算计和功利判断。在今天，我们会发现绝大部分人不会为一块钱打官司，理由非常简单——划不来。这才是常识与理性。案件所涉及的标的额如此有限，并不适合于诉讼。何况诉讼在运转的时候其实是高度消耗国家司法资源与成本的。目前上海市较为繁忙的法官，一年大概要审四百个案子，如果一个案子要开两次庭，也就是说一年要开几百次庭，而且是完全不同的案件，这是多么巨大的工作量。而在此时，你出现在法庭上，你说我这没什么大事，就一块钱，这本身就是一种对正义的消耗，如果不是背离的话。所以这样一种"为一元钱打官司"的观念如果成立，它应该以社会之司法资源足够充裕、个人之机会成本足够微小为前提，否则就具有误导性。由此可见，一个事情如果值得做，其隐含前提便是收益大于成本。如果这样的隐含前提不存在了，这个事情是否仍然值得做将变得非常可疑。

第二例子来自理论的应用。如果我们列举过去100年历史上最重要的经典（不分学科），我想《正义论》一定占有一席之地。整个政治学、法学，甚至哲学，恐怕都不会吝啬为它投上一票。在这本书当中，作者罗尔斯提出了一个通过程序来构造公平的情境。他在解释这个情境的时候，用到了非常著名的分蛋糕的思想实验。假如我和另外两位同学三个人要分一个蛋糕，罗尔斯认为可以让各方都认为最为公平的方法是负责分蛋糕的人最后一个选。简单来说，比如我负责把蛋糕切成三份，那么另外两个人先选，我最后选，那我必然会尽可能地分割得平衡。因为如果有一块大一块小，那么另外两位同学肯定会选大的，这是一种最公平的分割的方法[1]。

但如果我们进行批判性思考，我们就可以追问：这种分蛋糕方法若要奏效有没有前提？如果有，那么是何种前提？比如，这个方法如想奏效，参与分配的人之间应该没有社会连接，也就是说，在这个情境中我们脱离任何人际关系，这个情境中没有家人、朋友、同事。好比如果是华人社会，假如参与蛋糕分配的有我们的老

---

[1] 参考［美］约翰·罗尔斯：《正义论》，何怀宏、何包钢、廖申白译，北京：中国社会科学出版社1988年版，第79—85页。

师，老师即使是第四个选，那大家可能还是给老师留一块大的，对吗？因为师道，因为文化的惯习，或者我们和老师的其他社会性连接会让我们这样去做。所以，这种分配方式要有效，其中一个可能的前提是社会关系的隔离，即所有参与者都是"原子化"的个体，而不是伦理实体中的一个成员。

还有什么前提？又比如大家需要认同不使用暴力，否则刀子在我手里，我手起刀落，或者加以威胁，最后蛋糕都是我的。此外还有前提——参与蛋糕分配的人需要足够自利，但不能过分精明，如果机关算尽，这个分配方法也无法展开。大家想一想，如果你不仅仅是自利的、理性的个体，而且你是机关算尽的个体，分蛋糕的流程将不可能开始，因为参与者会意识到，如果他负责切蛋糕，他最终的结果是"等于"或"小于"别人拿到的份额。即使真的分得非常均匀，用牙线来分蛋糕，那最终最好的结果就是我拿到了跟另外两人一样的份额。但假如切分蛋糕时手稍微抖一下，难免就会产生参差和差别，也就意味着大份的蛋糕会被别人拿走，分蛋糕者最好的结果是"等于"。而对于挑蛋糕的人而言，结果则是"等于"或者"大于"，因为只要我手一抖，拿的就会是"大于"，最不济拿到一模一样的份额。试想如果大家过度精明，那谁还会去切蛋糕呢？由此可见，若想把罗尔斯的分蛋糕理论付诸实践，那就应该确保在实践的场域内，其隐含的理论假设（如社会关系隔离、人性自利、不诉诸暴力等）能够得到满足。否则，这个理论就难以在实践中奏效。实际上罗尔斯本人也对这些前设的存在抱有自觉，[1] 只是在这个著名的"思想实验"传播的过程中，其仰赖的这些前提逐渐被忽视或淡忘，从而使得一个有条件限制的知识，幻化为放诸四海皆准的教条。

最后，我们来看一个有关事物本质的哲学论证，而这段论证可以从一个真实的司法案例谈起。这就是 2001 年 PGA TOUR（美国高尔夫协会）与 Casey Martin（美国著名的高尔夫球运动员）之间的诉讼。案情大致如下：Martin 因为他的大腿出现循环系统的疾病造成残障，走路不便，因此他需要在从一个球洞到另外一个球洞的时候，借助高尔夫球车代步。他向 PGA 提出申请，要求 PGA 考虑他的特殊情况而允许以车代步。结果 PGA 不同意，因为 PGA 禁止在顶级联赛中使用高尔夫球车代步。我们知道，在文明社会残障人士应该被予以特别的对待，而根据美国《残疾人法案》，只要这种对残障人士的照顾没有从根本上改变活动的本质即可。据此，Martin 将 PGA 诉至法院，认为自己有理由获得这种由于自己的残障不便而应得到的适当照顾。有趣的是，这个案子最终一直诉讼到美国联邦最高法院，而大

---

[1] 参考凌斌：《法科学生必修课：论文写作与资源检索》，北京：北京大学出版社 2013 年版，第 283 页。

法官们则需要判断让 Martin 在比赛中获得高尔夫球车代步算不算"没有从根本上改变了高尔夫球比赛的本质"。[1] 注意：我们讨论这个案例，并不是想和大家讨论法律解释、适用与推理等这些专业法律问题，我们关心借由对观点隐含前提的发现，从而启发新的思考的可能。

对这个问题的第一个法律意见来自大法官 John Stevens。他的立场是 Martin 可以在球场上使用高尔夫球车代步，而不会导致任何的不公正。具体理由如下：

> ... not fundamentally alter the nature of the PGA Tour's game to accommodate him with a cart... As an initial matter, we observe that the use of carts is not itself inconsistent with the fundamental character of the game of golf. From early on, the essence of the game has been shot-making-using clubs to cause a ball to progress from the teeing ground to a hole some distance away with as few strokes as possible. That essential aspect of the game is still reflected in the very first of the Rules of Golf, which declares: "The Game of Golf consists in playing a ball from the *teeing ground* into the hole by a *stroke* or successive

---

[1] 参考 [美] 迈克尔·桑德尔：《公正：该如何做是好？》，朱慧玲译，北京：中信出版社 2011 年版，第 232—233 页。

strokes in accordance with the rules.[1]

John Stevens 认为，Martin 驾车或是不驾车，并不改变高尔夫球运动的本质。在 Stevens 看来，高尔夫球的本质就是站在一个发球区，用尽可能少的杆数把球打进洞里。为了证明他的观点，John Stevens 做了很多高尔夫球史的研究，查了很多书籍资料，了解了高尔夫球的历史，也传唤了 Tiger Woods 这样的专家证人，才总结出这样一个重要结论，即：所谓的高尔夫球，就是用尽量少的杆数把球从这个地方打到很远的球洞里面，而在这个过程当中，开车不开车对这件事情的本质毫无影响。所以，选手在高尔夫球赛中开车的时候，根本没有伤害到高尔夫球的本质。如此，当然不能指责选手利用高尔夫球车获得的是一个不公平的优势，因为这种行为根本就没有损害这件事情的本质。[2]

我们不对法律问题进行探讨，而是想请你思考一下：John Stevens 讲的这段话如果成立，有任何前提吗？如果有，这个前提是什么呢？大家可以用发散思维来想一想。比如说——时间，这是一个非常重要的原因。就是高尔夫球的本质，是不是从历史中可以得出？还是到了今天，已经有所不同？事物在流淌的时间中的变迁，

---

[1] PGA TOUR, INC. V. MARTIN (00-24) 532 U. S. 661 (2001) 204 F. 3d. 994.
[2] 同上。

是我们产生批判性思考的常见隐含前提。因此，时间性的批评是一种可能的前提批评，John Stevens 证明立场所用方法的前提，高尔夫球的本质没有当代变异，而是历史中的自然生成。

那么，除了时间，John Stevens 的想法若要成立，还依赖于什么前提呢？我们不妨看看另外一位大法官 Antonin Scalia 的观点：

> To say that something is 'essential' is ordinarily to say that it is necessary to the achievement of a certain object. But since it is the very nature of a game to have no object except amusement（that is what distinguishes games from productive activity）, it is quite impossible to say that any of a game's arbitrary rules is 'essential.' Eighteen-hole golf courses, 10-foot-high basketball hoops, 90-foot baselines, 100-yard football fields—all are arbitrary and none is essential. The only support for any of them is tradition and（in more modern times）insistence by what has come to be regarded as the ruling body of the sport—both of which factors support the PGA TOUR's position in the present case.（Many, indeed, consider walking to be the central feature of the game of golf—hence Mark Twain's classic criticism of the sport："a good walk spoiled."）I suppose there is some point at which the rules of a well-known game are changed to such a degree that no

reasonable person would call it the same game.[1]

除了对本质在时间中变化的思考，Antonin Scalia 还指出：任何一个东西在这个世界上居然能够称为 game，就意味着它没有什么本质。"玩游戏"本身就不是一个有目的性的活动，有目的性的活动叫工作，有目的就会实现目的，有实现目的才会有本质。有目的，有实现，才构成实现的本质。如果没目的，换言之便是随意玩耍，它将丧失确定的本质，或曰本质将是自由而开放的，可以由参与者自行界定[2]。所以 Antonin Scalia 说高尔夫球居然是一个 game，那说明高尔夫球就没有本质了。总结一下，大法官 John Stevens 提出的"驾车并不影响高尔夫球本质"事实上是一个哲学论证，而正如大法官 Antonin Scalia 所指出，该论证其中一项重要的隐含前提便是本质主义。

本质主义（主张事物有本质）与反本质主义（主张事物无本质）是当代哲学重要的论争之一。关于这两派

---

[1] PGA TOUR, INC. V. MARTIN (00-24) 532 U.S. 661 (2001) 204 F.3d 994.
[2] 你可能会提出，玩游戏无非是为了寻开心，那"取悦自己"算不算是游戏的本质呢？答案是否定的。在哲学上，所谓本质指的是事物共有且特有的属性。例如，我们说偶数的本质是"能被2整除"，意思是"能被2整除"是所有偶数共有且特有的属性。据此可知，纵使"取悦自己"为游戏所共有，也不能算游戏的本质。因为这并非游戏所特有，譬如和好友聊天、一个人品尝美食也能取悦自己，但这些显然不属于游戏。

第二十一章 检视前提,从而使新知启迪

的观念,我可以用一个隐喻来加以解释,即:他们认为这个世界是一个洋葱,而不是一个苹果。或者至少这个世界的基本价值观越来越像洋葱而不像苹果了。什么叫苹果?就是把苹果皮削掉然后一点点吃掉,最终会找到苹果核,那个代表苹果最内在、最深刻、最本质的力量,藏在苹果的内心之处。而洋葱不是,洋葱无心。你若是不断剥离洋葱,便是新的一层洋葱,继续剥离,继续有新的一层。你试图发现它的本质内核,而最终却什么都没有发现。世界是苹果——这便是本质主义;世界是洋葱——这便是反本质主义。

坦率讲,由于我们之前讨论过的"平等"这个意识形态对社会的普遍浸透,因此本质主义的力量在减缩。比方说有的同学把头发染成了绿色,假如我是老师,我会说:"你还是不是学生?你还有没有学生样子?"当这个老师说出这一句话,就意味着这个老师本身认为关于学生是有一个标准的、典范的模样,认为学生有目标,有本质——这个预设的理想模样就代表了学生的本质。这个本质规定着学生可以怎样,不能怎么,应该怎样。而学生也许反驳老师说:"你管我呢,我又没影响别人,又没有违反法律和校规校纪,也没旷课,我就是一头'绿毛'怎么了?我只是染了头发啊,这是我的个人审美选择。"那么他的观点类似于 Antonin Scalia——这个世界上哪里有关于学生的本质,学生的本质难道不是来

自每一个学生之自我彰显、自我表达与自我界定吗？

以上我们通过几个案例对本质主义与反本质主义仅仅做了简要而通俗的展示，更多的论争细节，可参阅相关专著。我们想提醒你的是，生活中许多对概念或价值的追问（如究竟什么是"学生"），最终都会上升为一个哲学问题；而对哲学问题进行论证时，背后必然涉及对特定哲学观点的预设。找出这些潜藏的哲学观点并进行反思，往往会让我们获得新鲜的启发。理性决策的隐含前提在于收益大于成本，理论适用的隐含前提在于相关条件的满足，哲学论证的隐含前提在于哲学观点的成立。通过这三个案例，相信足以让你明白检视隐含前提对于深度思考以及收获新知的重要性。

第二十二章 洞察语境,从而使叙事重构

谈过语言、逻辑、前提之后,接下来我们来看看语境。

我们讲一个观念,在完全不论证的时候,可能会把你带到一个语境之中,所以你要对这个语境非常敏感,因为它只有在这个语境中才能发挥它的意义,才能呈现它的能力。

在国际大专辩论赛上曾有一场经典的对决,是中国人民大学对阵香港大学两队之间的辩题:"法海应不应该拆散许仙和白娘子?"这个题有些无厘头,也非常灵活。港大抽到的立场是法海应该拆散他们。但中国人说

"宁拆十座庙，不毁一桩婚"，因此应该拆散许仙和白娘子这个立场跟我们的日常伦理有一点背离，与公众一般人的认知违逆，直接论述是有一定难度的。在这种时候，往往都是需要大家调动批判性思维——当按常理常识无法产生一个舒适顺滑的论证时，我们可以考虑为这个论题之讨论，重新设定一个"语境"。

因此港大的辩手说，先跟大家沟通一个小观点，我们这个题目叫"法海应不应该拆散许仙和白娘子"，"应该"这两个字在不同的情境中其概念有所不同。比方说，大家未来到互联网公司去工作，在互联网公司的管理中，应该奉行充分的授权、减少科层，激发每个人的内生动力，需要 leadership，而不是 leader。这个其实是扁平化的互联网公司的基本的格调和应然状态。但这个"应然"能运用到军队里面去吗？显然不行，因为军队当中所奉行的管理应该恰好是相反的，要高度强调 leader，要有高度的秩序和效率，要强调服从命令乃是天职。在不同的情境中有不一样的标准和作为，所以"应该"二字在不同的情景中便会有不同的含义。

再回头来看许仙、白娘子和法海，这个故事并不是一个真实的情景，因为没有白娘子，没有人见过白娘子。这是一个文学创造的情景，在文学创造的情境中，艺术所追求的不是平铺直叙，而是矛盾冲突。一部《白蛇传》，之所以在我们的文学作品中，一讲再讲，在影视作品中,一演再演,不是因为和睦,而是因为水漫金山、断桥相会,是因为西湖水干、雷峰塔倒这些极具戏剧感的冲突桥段。所以,正是因为有法海,有一个固执的法海,才使得这整个故事获得了向冲突方向推进的动力,而这,才是文学作品的"应该"。所以港大辩手这么说:与其说我们今天是在为法海做辩护,不妨说我们今天是在跟各位再次讲一讲什么是文学,我们在为文学的精神与魂脉做辩解——这样就会使得你有一种被启发的感觉,就是一个貌似"游戏"的辩题,其意义原来还可以这样悠远。所以,将语境——讨论这个问题的语境——切换为"文学",对问题的整体叙述便找到一个新的维度,一个合理、清晰、具有洞察力,而又不和"不毁一桩婚"这样的常理常情对撞的崭新维度。

如果在辩论赛当中,你的对手居然立了这么一个论,你首先要攻击的并不是论证的理由,而是破坏他的论述的语境。因为在这个地方要完成这个论证,大概设计了两个语境:第一个叫"应该在不同的情境中有不同的认识";第二个是"《白蛇传》是一部艺术作品,所以今天这个题目合适的讨论语境乃是文学"。你首先的目的是去破坏这个语境的设定,因为这个语境一旦建构成功,你便会陷入极为被动的境地[1]。

---

[1] 尽管局面十分被动,但你也不至于无话可说。譬如,你可以尝试论证:法海不拆散许仙和白娘子,一样可以呈现出丰富的文学价值。

关于语境的第二个例子，来自郭灿金教授的文章《唐代名臣魏征的"成功学"标本：谏太宗十思疏》。我将郭老师的原文摘编引用于下：

> 唐太宗与魏征之间的关系，长期以来都被视为一种理想而经典的君臣关系——臣子竭诚进谏，皇帝虚心接纳。然而，在很大程度上，这是当事双方小心翼翼制造出来的假象。
>
> 要理解这个问题，需要结合魏征个人的成长和遭遇。
>
> 魏征字玄成，馆陶（今属河北）人。隋末，魏征被隋武阳郡丞元宝藏任为书记，后被李密任为元帅府文学参军，随李密降唐。后，魏征为窦建德所俘，窦败后，魏征被太子李建成引用为东宫僚属。"玄武门之变"以后，魏征历任谏议大夫、尚书左丞、秘书监、侍中、监察御史。贞观七年，被封为郑国公，死后，赐谥号曰文贞。
>
> 唐太宗的朝堂之上可谓群星闪烁，人才济济：长孙无忌、杜如晦、房玄龄、尉迟敬德、秦叔宝……他们要么是李世民的创业班底，要么是李世民的长期合作伙伴，要么和李世民有姻亲关系，和他们相比，魏征无法不自惭形秽……魏征既无良好的家庭出身也无过硬的政治立场。甚至在和李世民相遇之前，魏征的个人信用几乎丧失殆尽……魏征

先后或主动或被动地改换了五次主人：先投举兵反隋的武阳郡丞元宝藏；后服侍瓦岗寨首领李密；后随李密降唐效力于李渊；不久因被俘开始效命于另一个义军首领窦建德；窦兵败后，魏征开始作为主要谋士奔走于李建成的鞍前马后，在此期间，他曾为李建成献上了及早动手除掉李世民的毒计。在这一系列的跳槽过程中，魏征经常遇到外界巨大的压力，冷嘲热讽、挖苦打击，好在魏征总是以自己的机智从容化解。

魏征为太子李建成做事的时候，眼见李世民一天天坐大，曾多次建议李建成先行下手，除掉李世民以消后患。只是谁也没有想到，率先发起斩首行动的居然是李世民。

李世民干净利落地干掉李建成之后，所有的人都认为魏征这次真的玩完了。果然，李世民刚坐稳位子，马上就把魏征喊来痛骂："你个垃圾，当年为何明目张胆离间我兄弟情感？"（新旧《唐书》对此的记载稍有差别，但基本意思一样。《旧唐书》上的原文为："汝离间我兄弟，何也？"《新唐书》上的原文为："尔阋吾兄弟，奈何？"）朝堂之上，一片寂静，静得可以听见彼此的心跳。可以想见，当时的场景多么恐怖——秋后算账的时间到了，魏征似乎已万劫不复……大家都在等待魏征的态度。

但出乎所有人的预料，魏征丝毫没给李世民面子，而是针尖对麦芒，死硬到底。只听他声若洪钟、语带轻蔑、不卑不亢、慷慨自若地说道："当日皇太子若听从我的劝告，哪会遭逢今日之祸？"（对此，新旧《唐书》记载亦不尽相同，《旧唐书》上的原文为："皇太子若从征言，必无今日之祸。"《新唐书》上的原文为："太子蚤从征言，不死今日之祸。"）……然而，出乎所有人的意料，面对死不悔改的魏征，李世民眼中的杀气一点点褪去，李世民的脸上浮现出一种温和的神采。更让人大跌眼镜的是，最后，李世民居然"为之敛容，厚加礼异，擢拜谏议大夫"。对此，《旧唐书》给出的解释是："太宗素器之。"意思是李世民向来器重魏征的才能，所以，魏征得以活命。《新唐书》给出的解释是："王器其直，无恨意。"意思是李世民被魏征的直率秉性所打动，因此放过了魏征。

为什么会出现如此戏剧化的场景，魏征之所以能够躲过一劫，难道真的是因为"王器其直"，或者是"太宗素器之"？事情也许并不这么简单。要探究其中的奥妙，我们必须重回当时特定的历史场景。

"玄武门之变"，李世民干掉了自己最大的政敌——太子李建成、弟弟李元吉，他毫无悬念地被父亲李渊立为太子。之后，李世民又使出浑身解数，逼迫父亲李渊退位，自己得以荣登大宝。虽然，后来的李世民成为了一个好皇帝，但是在他刚刚即位之时，没有人能够别具慧眼，精准地预测到这将是中国历史上少见的雄才大略的统治者。当时大家看到的李世民，只是一个杀兄害弟的刽子手，一个逼父退位的不肖子，一个踏着兄弟鲜血走上皇位的残忍罪犯。因此，被后世奉为皇帝楷模的李世民当初却背负原罪——无论李世民阵营的人们愿不愿意承认。也因此，被后世奉为皇帝楷模的李世民潜意识中一定在等待一个人，这个人能洗刷他的原罪，解脱他的枷锁，让他在新的起点重新出发！

这个人在哪里啊？他不可能在李世民的阵营内部，自己手下的任何解释只能给人以强词夺理的感觉；这个人也不可能在民间，民间人士不可能洞悉宫廷政变的血雨腥风。过尽千帆皆不是啊！望眼欲穿，这个人终于出现了，这个人就是魏征！

为什么是魏征？因为魏征带来了一把金钥匙。这把金钥匙就是他的那句话："当日皇太子若听从我的劝告，哪会遭逢今日之祸？"这句话的魅力何在？它的魅力在于，通过一个来自敌人阵营重要成员的口揭示了一个事实——李建成、李元吉咎由自取！李建成他们同样也在磨刀霍霍，同样也在紧锣密鼓，只是下手太慢，仅此而已。既然这样，李世民的"玄武门之变"就是正义战胜了邪恶。李世民功劳卓著，李建成却动了嫉妒心，动了杀心，这岂不正好说明了李建成的邪恶吗？面对邪恶，李世民当机立断，岂不正好证明了李世民的英明神武吗？

因此，魏征的一句话，说出了一个事实，而正是这个事实，证明了李世民"玄武门之变"的必要性，证明了"玄武门之变"的合法性。"玄武门之变"既然必要而且合法，那么李世民身上的原罪也就一洗了之，不复存在。更为重要的是，这个事实只有通过魏征说出来才可信，才有含金量，才有价值，因为魏征本人是李建成的重要谋士，他本身就是邪恶的参与者、邪恶的见证者。

因此，魏征必须活！魏征将以自己的存活，给李世民一个公道。对于世人来说，魏征就是一个反面教材，他将天然地证明李建成的卑鄙、下流，李世民的伟大、正确。因此，魏征的回答看似狂傲、扯淡，却是当时情景之下他的唯一活路。他如果痛哭流涕地忏悔，或者无原则地自我贬低，反而会让唐太宗满怀厌恶地将他杀掉。相反，他的反其道而行之，大肆标榜自己的先见之明，同时又巧妙地道出了李建成的邪恶本质，反而一下子为自己打开了一条生存的康庄大道。所以，《新唐书》上说"王器其直"是一种皮相之见,"王器"的不是魏征的"直",而是魏征的"值"——魏征身上的附加值。魏征的"直",也不是真正的"直",而是佯"直",以"直"为幌子,来展示自己的"值"——自己的附加"值"。

其实,魏征还有更大的附加值。当李世民坐稳了皇位,除了他需要清洗原罪之外,还需要表现自己的宽容和胸怀,而宽宥敌方的重要谋士无疑是最简捷的一种方式。因此,魏征必须活!魏征的"活",将宣告一种和解,阐释一种"团结"的姿态。连魏征都被宽容了,原来潜在的对手也就可以松一口气了![1]

所以,当我们把论述之语境从"人格"转向"人设",不是从道德情操角度解释历史(这也是一种解释,并非错误),而是从时代结构的角度、从权力结构的角度解释历史,可能会产生对历史新的洞察。

我们再举一个现实生活中的例子。这几年有一个最优质的知识付费产品——薛兆丰老师在"得到"平台上的经济学课。这是目前世界上最大的经济学课堂,有超过20万用户在这个课堂上一起学习科学经济学。罗振

---

[1] 郭灿金:"唐代名臣魏征的'成功学'标本:谏太宗十思疏",参见http://news.ifeng.com/history/zhongguogudaishi/detail_2011_07/25/7923176_1.shtml,2018年10月12日访问。

宇在2017年2月24日对这个产品做了一个推荐。以下是他的推荐词：

> 这周我们要上新一款重量级的订阅产品——薛兆丰的北大经济学课。薛兆丰是北大国发院的老师，也是著名的经济学家。关于这个产品，薛老师和我们有两个追求，一是让我们的用户只需要每天投资十分钟，持续一年就能够系统性地掌握经济学思维。这是我们第一次系统性地把一个传统学科变成一个互联网时代人人能够听懂的知识服务。[1]

到此为止都是产品介绍，并没有设定销售以外的其他语境，请注意此处之后的论述：

> 我不知道各位心里怎么想的，反正我自己一直有着一个北大梦，这辈子是没有办法再回到大学课堂了。但是原汁原味的北大品质的学习是怎样的呢？这个产品就能够帮很多人圆心中的一个北大梦。产品上架那天我站在办公室中央对同事们说：这个产品的野心是要把所有人区分成两种，一种是上过北大薛兆丰教授的经济学课的，一种是没上过的，这两种人的思维将截然不同。[2]

---

[1]"罗辑思维"公众号2017年2月24日发布的名为"上课"的语音内容。
[2]同上。

第二十二章 洞察语境，从而使叙事重构

从罗振宇的话中不难看出，这已经不是单纯地在销售一个产品了，而是在销售心理学意义上一种高阶欲求，一种对北大这个高等学府的梦想与期待，乃至一种"认同"。坦率地说，如果问一个人：你要学经济学吗？得到的回答很可能是："不，我不需要系统地学习经济学，我的专业用不到经济学。"在这些说"不"的人心中也许隐含这样的认知——在这个时代，我们应该有基本的勇气承认自己在某些领域的无知。所谓"闻道有先后，术业有专攻"。时间有限，我们要做的也许不是去变成一个什么都了解一点儿可又什么都不精通的人，而是要让自己在某个领域里变成专家，变得与众不同并且无可替代，我们才能在我们的领域里创造出我们独特的价值。所以，单纯地想要通过一个产品去唤起人们对一种专业知识的渴望是困难的。

那么，如果是问一个人：你想体验一下北大的课堂吗？你想成为北大学子吗？这个问题，又有几人会拒绝呢？可见，在这款产品的销售中，罗振宇诉诸的是大家心目中对学生时代的向往，是对北大殿堂的仰望。这里他构建了一个新的语境，一个关于成为更好自己的语境，一个让很多人被北大"黄袍加身"的语境。这就是批判性思维的另一个重要面向——对语境的设定、发现和营造。

正如之前所提到的，批判性思维是一套思考的语

法，它不是一个确定的规格化流程，也不是一个立等即用的兑现工具。但它可以帮助你减少你的思维盲区，拓展你的思维韧性。我们到此应该不难发现，批判性思维不是简单否定，而可以具备创造性、开拓新与延展性，让我们的思维更具备新的可能与价值。它在明辨前提与构造语境的同时，这何尝不是在开辟意义的新边疆呢？而在这个过程中，我们还可以获得一个内省性的立场——当延展、拓荒、创新而不能时，我们会突然发现，"书到用时方恨少"。所以批判性思维既是一种思维语法，同时也是一个持续学习的号角。如果没有大量的阅读学习，没有这些对广阔知识的好奇与观照，是的，我们可以去寻找前提，是的，我们可以去移动语境，但我们很难找到那些隐秘的前提，我们很难创造那些更佳的语境。海德格尔在阐释学大师伽达默尔去世的时候为其作悼词，其中有一句特别令人动容，他说："我不知道这个世界失去了什么，我只知道伽达默尔的逝去会让世界的一角，永远地失去了光亮。"因为伽达默尔，人类在某个程度上，在某个思想的维度，曾经获得灿烂的光明，而这个光明随着大师的逝去而重归黑暗。所以，你如果没读过伽达默尔，你就无法在人类认知的那个维度上触及那道光。也许除了人文学术以外，在其他自然科学或是社会科学领域当中，知识都是累进性的，后人踩在前人的肩膀上，一点一点进行知识积累，就像大家如果没有掌握初中数学,那么就很难搞懂和掌握高中数学,这就是一种知识的累进。但是哲学与人文学术不是累进的,对哲学与人文学术的思考是一个类似于持续登山的过程。前人的智慧就像一座座不可逾越的高峰,而我们对哲学的追求便是一种登上一座山峰又下来继续攀登下一座的过程。如果我们不学习,即使掌握批判性思维这套语法,我们也仅能找到门,却没有力量推开门,看到门外的新世界。

第二十三章 同情理解,从而使心灵开放

批判性思维还可以给人提供一个精神性的、道德性的向度,也就是涵养具有开放心灵的人格。回想批判性思维的定义,它是指人们能够形成更好的判断,这个判断是某种不确定状态造成的。既然是不确定的,那就意味着对话的始终在场,如果对话停止则意味着一方压倒另外一方,或者共识已成确定。这里的对话不仅包括你与对方的对话,也包括你对自己的不断反思。

对此,华中科技大学客座教授董毓在《批判性思维三大误解辨析》一文中提到:

> 批判性思维内在地需要某种理智美德的帮助才

能展开。"熟练运用批判性思维的技巧"本身就需要突破我们天性中"惰性"的部分。因为保守和偏见的倾向会把这样的运用阻止在表面和片面的层次上。一个保守顽固的人,一个被利益或名誉主宰的人,如何去面对和领悟不同的证据,用于创造替代理论,公正分析自己和对立理论的优缺点,从而得到合理的判断?没有对公正、诚实这样的理智美德的要求,所谓"熟练运用批判性思维的技巧"就可能大打折扣。[1]

是的,批判性思维最终是和人,和人的德性相关联的。如果我们的交流只是用一个断言来对抗另一个断言,那有意义的对话将无法发生。复旦大学以优质的本科生通识教育而闻名,但学生们对于通识教育的看法也存在分歧。支持者认为,一方面,通识教育可以为学生提供更全面的知识储备;另一方面,大一大二仍然是学生摸索和探寻方向的时期,还没有找到专业兴趣和人生方向的同学也可以借助通识教育寻找到自己的兴趣点。反对者则担心如果通识教育占学分比重过大会导致学生学得广而不精,成为万金油一般的存在。这样的辩论可以无休止地进行,但这样的辩论也许让我们错过了真正深入的对话,错过了内生性立场的发生,错过了人之经

---

[1][加]董毓:"批判性思维三大误解辨析",载《高等教育研究》,2012年第11期。

验历程的在场，错过了真诚与坦白。也许一场真正有价值的对话将是这样发生的：对话者相互好奇，并交流——是什么过往的际遇和经历使你如此支持或反对通识教育？是什么具体的体察与感悟让你觉得人生的方向需要在多维的环境中来进行比照而后作出决定？又是什么样的事件或经验状况导致你对学子们的人生有这样或那样的担心？注意：与批判性思维在明辨事理那个层次上的运作不同，在人的维度上，批判性思维特别强调感性经验的介入与相互参照，这种对自己有限的经验的体会，会创设对自己立场之知识边界的感性确证，从而使得人与人的对话深度展开——正如知识的边界使得批判成为必要与可能，人的边界则使得聆听与交流成为必要与可能，从而实现主体在思考时由于体谅与换位而产生的温度。在这个层次上的讨论会高度地与对方这个人发生关联，使得对话重新回到鲜活的、具体的人的维度，从而通往真正的对人的理解，从而实现对方作为一个鲜活的人的在场，而不仅仅是对方观点的在场。如果你和朋友对一个问题产生了争论，真正的问题只是今天谁能辩出一个真假，最终分出个胜负吗？在生活世界中，输赢这件事总是有这么重要吗？但如果你并不满足于停留在表面程度上的争吵，而是抱持着巨大的诚实、关切和耐心，放慢地去思考，谨慎地去思考，愿意去了解更多而不自以为是，不武断行事，不随便去贴标签，这就意味着我们对新鲜事物是尊重的，对每一个不同的人是尊重的。讨论中一方对另一方的尊重，不能局限于一句简单的"我尊重你"，而需要在实际意义上试图去了解对方为什么会这样想。这样批判性思维才能把你带到人的语境中，最后可能我仍然会说我不能同意你的观点，但是我能够理解你。董毓老师说：

> 真正地理解别人的立场和想法，应该从他人的角度来思考，设身处地地从他人的立场看事情。我们已有的信念，是一面镜子，我们自然地首先用它来看问题，看到实物的一面——常常是我们想看到的那一面，也是"雄辩地证明我的看法是对的"那一面。如果我们能使用"别人的镜子"看同样的问题，真相会露出另一面。在研究他人的论证的时候，我们应尽量站在他的立场，从他的背景、前提和假设出发来推理，从而理解和评价他的结论的合理性。这其实是到达思考的"广度"和"深度"的好方法：这样你可以抓住不同的乃至对立观点的内涵，深入了解有难度的核心和细节。换位思维与主体性并不矛盾。自主性并不代表排斥自我反思和自我分析，而自我反思的一个方法就是通过别人的角度来思考，发现自己旧观念的片面性。[1]

---

[1] 参见［加］董毓：《批判性思维原理与方法——走向新的认知和实践》，北京：高等教育出版社 2010 年版，第 32 页。

冲突解决学科中有一个有趣的隐喻，"人其实是一棵树"，乃物华天长而成。一个人的认知和观点不是天生就是如此的，一定是由他的生命历程，由他的年少心酸，由他的知识背景、家庭教育、认知偏好和价值选择最终塑造而成的。甚至一个人刚刚看完了这部电影还是那部电影都会影响他此时此刻的认知，我们每天都在被这个世界强有力地建构着。比如说微信朋友圈，它每天都在影响你的重心、消散你的时间，更重要的是它在影响你的行动方式和选择方向，它隐隐约约一直在影响你对什么东西是重要的、什么东西是不重要的认知。所以理解一个人，重要的是理解他的经验世界，即他这棵树，被什么支撑和喂养。在现代大学的建制中，这种诚恳的探问这棵"树"的力量往往是由一个学科提供的——人类学。人类学提供给我们对差异个体的意义世界和经验过程的理解。一群生活在城市的现代人为什么要去调查爪哇岛的居民"斗鸡"的社会仪式呢？难道调查目的是让城市的人也"斗鸡"吗？人类学家研究工作完成之后会恢复他们原有的城市中的生活方式，那是一种与调查对象全然相反的生活方式。不实际生活在这个村子就完全不可能经历这种特定的生活方式，那么人类学存在有什么意义呢？人类学所担当的使命就是绽放人类的多样性。我有可能不接受你、不认同你，但我有可能欣赏你、理解你。这是人的教育，特别是综合大学教育中需要培养学生的一种非常重要的能力。在这个时代，我们这一代人会面临越来越多的选择，这些选择不仅仅要求你具备很好的判断力，而且要求你去理解那些和你做完全不同选择的人为什么会做这种选择。

第二十四章 批判性思维是对崭新可能的拥抱

最后，我想跟大家说的便是批判性思维的价值，我们要深谙的价值。批判性思维特别不像山石，而像流水，那种水的不确定性与可塑性。而不确定性跟人的本质关系密切，我们甚至可以说：不确定性是人类自由的象征。

大家现在看到的一个作品（见右图），叫《泉》，来自法国的大艺术家杜尚。在它上面写着时间——1917年。那一年，杜尚前往纽约参加一个世界顶级艺术家大会，在会上大家讨论先锋艺术。会议结束后，杜尚路过一家家居用品店，在家具中看到了一件器物——男性的小便池。于是大艺术家在这个小便池的侧面签上他的名字和日期，并把它送到美术馆，称这是其作品。美术馆当然不能接受，因为他们认为这是一件工业品。正如你永远不会把农夫山泉的瓶子拿到上海博物馆，不管它设计得如何精美，它仍是工业品，而不是艺术品。艺术品依赖人工不可复制的创造，而工业品并非如此，工业品完全可以进行机械的、大规模批量的、高度符合统一制式的生产。[1]

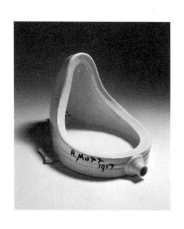

但是面对这些批评，杜尚写了这样一段回复，他说："《泉》是否我亲手制作已经无关紧要，重要的是我选择了它，我选择了一件普通的生活用具予以它新的标题，使人们从新的角度去看它。"

所以在这个意义上，大家才有可能读懂现代派，读

---

[1] 徐媛："杜尚作品《泉》的艺术独特性"，载《美术教育研究》2017年第16期。

懂先锋艺术，乃至读懂行为艺术。一切先锋作品的目的并不是在展示艺术，而是在定义艺术。杜尚的这件作品并不是在呼吁大家关注艺术品的传统标准，来判断某件东西成为或不能成为艺术品。杜尚的意思是，当我赋予作品以不同的角度与审视的观点及可能性的时候，我们一起来重新追问到底什么才是艺术品，以及，我们有没有可能给予艺术一个崭新的可能性。所以，所有先锋艺术在挑战里都是艺术的既有定义，它们在开拓新的形态与状态，它们在拓展艺术之为艺术的崭新可能。音乐最早的定义也许不包含摇滚，不包括"嘻哈"，娱乐节目曾经的定义之中也许没有"吐槽"——而这些在今天，都成为了新的、最具魅力的生命实践形态。

所以当你用批判性思维进行思考，正如康德所述，批判其实就是对某种可能性——是否可能，何以可能——的检查，从而在某种新的意义维度上获得新的建构性价值，而不只是否定性的毁坏。当你思绪如流，当你心思灵动，所谓"沐春风而思飞扬，凌秋云而思浩荡"之时，你发现你的灵魂依旧璀璨生华，而不是垂垂老矣，故步自封。最近有一则新闻，有一个三十多岁的人原来在收费站工作，但收费站取消了，于是他与领导发生了冲突。她在视频中信誓旦旦地说："领导，我年纪轻轻就在收费站，现在只会收费。你要让我下岗，那我还怎么活？"三十岁出头便失去了自为、自主、自我决定的可能性，就"只会收费"，其他既不愿张望，更不愿学习，这意味着什么？这意味着她已经活成了一个"器"，已经完全物化，已经丧失了生命的质感与自由的能力。人，因为自由，所以无法确定，人因为自由，所以永远可以自我决定，可以重新出发。你不是什么（something），你是具有万千可能，具有自由力量的"人"——这才是人的本质力量，这才是孔子所谓之"君子不器"。

最后我用一段话来结束这一章的内容，这段话来自德勒兹，关于德勒兹本人鲜有人知，但是这段话却极其有名，因为它是一个伟大的人物——福柯追悼会上的悼词。在福柯的追悼会上，德勒兹引用了福柯在《性史》中的一段话，这段话便为我们对批判性思维之不确定维度的讨论，做出了精彩的概括：

> 至于我的动机，它十分简单。在某些人看来，我希望它自身是充分的。它就是好奇心，而且是惟一的好奇心，值得我坚持不懈地去实践它。不过，这种好奇心不是去吸收适合认识的东西，而是使得自我超越得以可能。那么，坚持不懈地认识我们是否必须确保知识的获得，而不是以某种方式尽可能地确定认识者的失足，这有什么价值呢？在生活中，有些时候，知道我们是否能够以别出心裁的方式来思考和感知的问题是继续或反思所必不可少的。也

许,有人会对我说,这些与自我的相互作用仍然处在幕后。它们充其量不过是一些准备工作的一部分,一旦发生了影响,自身也就消失了。但是,如果哲学不是思想自我批判的工作,那么当今的哲学(我指的是哲学活动)又是什么呢?如果它不是不再确定已知,也不是着手了解怎样和直到何时另一种思考才是可能的,那么它又是什么呢?[1]

我们大致梳理一下:在这一部分中讨论了批判性思维的基本概念、基本状态,以及我希望大家能够掌握的一些批判性思维的基本方法,分别是对逻辑的检视、对前提的挖掘和对语境的创设。在这个意义上,批判性思维可以帮助我们对事物之边界形成清明的认知,并成就一种更深的对自我、对他人理解的道德维度。这些维度毫无疑问是你们在运作思辨过程中的最底层的方法,但是它说到底只是语法,仍然会需要大量的具体专业知识的附着。所谓批判性思维,就是思考新的价值,拓展新的可能性,它存在于所有专业领域,也为你的学业与职业,提供源源不竭的思智动力。

---

[1] [法] 米歇尔·福柯:《性经验史(第二卷)·快感的享用》,余碧平译,上海:上海人民出版社2000年版,第7—8页。

第四部分

论文历程

ARTICLE WRITING

第二十五章 研究启动

第一个阶段是研究者还未确认问题，选择行动方向的阶段。请仔细阅读下面的这个表格中的两种研究启动方案，你认为作为研究者哪一个状态对，并做出选择：[1]

---

[1] Robert J. Morris, *The New Contribution to Knowledge: A Guild for Research Postgraduate Students of Law*（2011，unpublished book），see http://www.robertjmorris.net/ARMNewContributionArticle2.doc, p. 35.

A	B
先研究，后确定____	先确定____，后研究
主题	主题
目的	目的
（假设的）论点	（假设的）论点
论证	论证
研究间隙	研究间隙
研究中的问题	研究中的问题
策略/方式	策略/方式
理论	理论
时间表	时间表
发现新的研究计划 ［继续学习］	引导、控制已有研究计划 ［高阶研究］

上表的左右两个部分所代表的是研究者的两种不同研究路径，换言之就是在研究开始阶段，研究经常身处的两个方位。A组代表的是研究者一开始先开始研究与阅读，将自己放置入广袤的知识存量中，在阅读与初步研究中，逐渐确定主题、目的、论点，并推进和完成论证。换言之，这种方式是通过海量的调查和资料的搜查去发现一个新的研究计划。而B组是研究者先初步确定或草拟好一个主题、研究目的、论点等，然后用它们去定位、引导和控制自己的研究计划，之后再进行完整的研究作业。所以，这里供读者们选择的两种方案，实际上是在问所有研究者：应该先确定方向和论题再做研究，还是先做研究再来确定方向和论题？

这个顺序的选择对于完成博士论文或任何其他的

研究都有着重要意义。虽然它没有绝对意义上的正确与否，但我们建议的行动策略是：研究者在最开始就应该尽可能地将自己调整到 B 组的研究状态上来。因为如果遵从 A 组的步骤你将会发现，完成论文是非常困难的。A 组的状态会让研究者经历杂讯困扰、方向的迷失，并且最终研究成果也只能达到一种"知识的叠加"的水准。诚然对于研究而言，大量的阅读和知识累积的重要性是不言而喻的，然而如果一个研究计划中所有的内容都尚不明确，而研究者误以为通过搜索资料，在茫茫的书海当中去寻觅就可以最终确定一切的话，那结果往往是他会被知识的庞杂和细碎牵绊住，并陷入看似出路万千实则处处碰壁的混乱。有学者曾言：望着长长的书架，我时常在思考一件事，那些伟大的思想者到底是成全了我们还是妨碍了我们？充分阅读后的人会明白一件事：你可以在阅读中寻找方向，但当你刚刚确定了方向，却又有貌似更为闪亮和耀眼的新可能在向你召唤。所以如果不先确定内容、目标和方向，研究过程常常会因此遭受挫败，不断改变主题，不断调整路径，不断犹疑徘徊，这便会极大地妨碍研究的有效推展——你阅读了很多，于是思绪万千，却进展有限。

有人可能会质疑说，如果不去做调查了解、收集一定的材料，研究者如何能够确定自己选择的研究主题是否与已有的研究重复？但实际上任何一个论域中都可以存在没有被其他研究者触及过的论题，只要使用好从论域到论题恰当的切割方法，就可以找到研究的新鲜领域，这一点我们在后文讲述论域切割时会专门谈及。

此外，我们建议研究者在任何研究的开始，都需要尽可能地先确定一些关于研究的最基本内容，这种确定并不是绝对的，不是终极的，不是不能修改的。上文的表格中也标明了假设的论点，这说明它可以先是一种假设，但你需要用这种假设来引导你用正确的方法阅读既有的文献——找信息，而不是阅读理解。我们能够理解在现实的研究中，一开始就全盘确定这些事关研究的具体内容是不可能的，一定还有很多东西需要再去阅读和探究，所以在研究开始之初，A 组与 B 组之间的游移状态才是真实的。对于很多研究者而言，包括我自己，我们是在写完项目或论文结论的时候才把问题真正想清楚了（很多博士和研究生在结论完成的时候对自己到底想要说明什么、创造什么新知还是没有想清楚），所以有 A 组与 B 组之间的游移是正常的。但是，我们要尽量、尽早地确定方向，然后去"找"资料，而不是阅读资料去以期确认方向。如果我们状态的大部分还在 A 组徘徊，那就要尽快将研究的状态从 A 组转换到 B 组，并且研究开始的时候，B 组已确定的内容越多，研究者能够完成研究的可能性就越高——我们的目标是尽量、尽快从 A 组向 B 组移动。一个简单的标准和建议是：多写、多交流；少读、少冥想——前者让你按照哪怕是暂时标定的方向不断前进，可后者让你在浩如烟海的人类知识的丛林中迷失。

另外，A 组引导研究者得出的研究结果很容易陷入 further education（继续学习）的领域从而知道更多，而 B 组所得出来的成果则可能贡献 higher education（高阶研究）的领域从而创造新知。英国基尔大学法学院 Anthony Bradley 教授有一篇文章讲 21 世纪的大学法学教育，其中提到在 higher education（高阶研究）的意义上定义什么是法律：

> 那么，在大学的意义上，什么是法律知识呢？这一个问题与单纯地问什么是法律知识是完全不同的。对于大学意义上的法律研究需要有特定的研究范畴，需要搜索的是一种特殊种类的知识……这种知识与事实不同，而更倾向于被当作一种理论。在这个意义上，理论性的研究做的是致力于理解一件事的发展过程与体系结构，并且使结论能够不受时空限制，让我们能够说："我们创造了新的知识。"相反的，事实的累积却会让我们担心研究的结论是被时空限定并且浮于事物表面的，即使研究很成功，也只是（可能）让我们能够说："我们知道了不一样的知识。"所以高等教育真正关注的并不是

研究的具体事件，而是能够如何做研究的通用规律。[1]

在大学的意义上，从学术建制的意义上来讲，什么是法律？对于这个问题的研究我们只有采用 B 组的研究状态才能扎实地推进并最终找到答案。如果从 A 组的角度去看这个问题，一个普通的研究者是不可能在规定时间内找到答案的，因为在 further education（继续学习）的基础上，研究者收获的只是更多的知识，他可能会暂时收获一种来自知识积累的幸福感和满足感，但这种幸福和满足的意义不大，因为这是学习而不是研究。

最后，研究者一定要明确什么是研究的最终目的。研究不是为了对过往的知识进行总结，也不是利用已有的东西来做一个知识的堆砌，它最终是为了为人类贡献新知。它不能局限于研究者本人获取对自己来说新的知识，而是应该能够为人类创造新的东西。Robert Morris 教授曾在自己的书中提及这个问题：研究者"站在巨人的肩膀上"与"站在同伴身旁"有非常大的区别——这种区别，很多新的研究生，以及其他许多人，包括大学

---

[1] See A. G. D. Bradney, "University Legal Education in the Twenty-First Century" in John P. Grant, R. Jagtenberg and Nijkerk, K. J. (eds), *Legal Education 2000* (Aldershot, Hants: Avebury, 1988), pp. 271-272.

本身，有时甚至是研究生导师都没有弄明白。[1]

人的生命是有限的，而对知识和真理的探寻是无限的，所以研究实际上是一个协作接力的过程。每一个研究者在自己这部分的接力中，不能满足于让自己知道更多，而要试图让知识界知道的有所不同；不能满足于知识的叠加，而要去进行知识的创造；不能满足于自己的知识的拓展，而要挑战知识共同体的认知界限。那么"研究者是应该站在巨人的肩膀上，还是同伴身旁"这个问题的答案就很明确了：研究者要站在巨人的肩膀上，完成知识的接力，推动知识向前进步，并且这是一种扎实的知识增量，它一定要可见、可测、可察觉。

---

[1] Robert J. Morris, *The New Contribution to Knowledge: A Guild for Research Postgraduate Students of Law* (2011, unpublished book), see http://www.robertjmorris.net/ARMNewContributionArticle2.doc, p. 37.

第二十六章 研究展开

研究问题
1. 如何改革:现实回应
2. 如何思考:理论机制

研究目的
1. 好奇:进一步的求知
2. 重要性:实践与理论

研究结论
1. 回答研究的中心切题
2. 切题不过多延展

知道了如何启动研究方案之后,第二步就是要展开我们的研究了。所有研究的第一步都是研究目的的形成和对研究意义的判断,即由衷的研究动机(真问题),

质感而具有理论意义的问题意识（好问题）。由此，我们至少形成了一个初步的论域（area），也就是研究者可以确定自己的研究大致在什么领域和方位展开。例如，一个研究者对互联网金融非常有兴趣，自己也有一些实践经验，发现了一些理论问题，于是便想就"互联网金融法律规制"这一"论域"开展研究——再次强调，我们首先确定的是论域，不是主题（topic）。论域只是你计划开展研究的领域和方位。我们在指导学生完成论文时，经常遇到学生的"问题太大"。什么是"问题太大"？——就是研究者混淆了论域与主题，前者是领域、范围、方位，后者才是聚焦、收敛和切割后的具体中心问题。很多学者都会建议研究者论题一定要小，"小处入手"而不要泛泛而谈[1]。为什么要"小"？因为你是在研究——用知识增量回答问题，而不是学习。对于多数人而言，在极为宏大的议题，极为广泛的论域产生磅礴新知，即使不说不可能，至少非常困难。所以从小处着手才能创造新知，才能对广义的学术生产产生增益，才能嵌入学术协作和累进的广义网络之中，推进整体知识的进步。

---

[1] 何海波：《法学论文写作》，北京：北京大学出版社 2014 年版，第 25 页。有一个经典的段子关于论文选题要小：有一个学生要写一篇法律论文，初拟的题目叫《论动物权利的保护》。导师说你的题目太大了，学生就回去修改。改完之后提交题目，题目被改成了《论小动物权利的保护》……（摊手）。

那么，我们如何从论域出发，然后切缩论域，最后得到我们的论题呢？在这里，我们介绍三个基本方法——切割论域的"三把刀"。

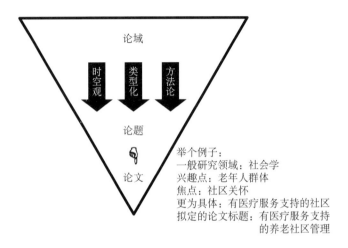

第一把刀是时空限定。我们在这里预设了一个大前提：一切知识都可以用时空对其加以限定，时空是知识的第一属性。正如李泽厚先生所说：

> 时、空与其他感知确乎不同，这种不同，如前所述，乃在于时、空表象不仅通过人的个体感官，而且更重要的是从社会实践获得的。这当然又是由于时、空是物质世界（包括作为血肉之躯的人类自身）的客观存在的最基本的形式的缘故。时、空所以成为人类的认知形式，人所以只具有时、空这两种感性框架（表象、观念），是因为人的社会实践活动作为物质世界的一部分，与客观世界任何事物

一样，是以一定的先后延续和上下左右的活动场所来表现其现实的存在的……时、空表象和观念，丝毫没有先验或先天的性质。它们是客观物质的存在形式，通过一定的社会实践，向我们主观意识中的积淀和移入，即反映。[1]

所以，借由时空这一知识的必然属性，对论题加以限制的标定，是第一个聚缩论域形成主题（topic）的方法。比如一个同学要写与死刑相关的论文，可关于"死刑"的研究一定是数不胜数的，所以直接就这样一个大论域来做研究并且再产生创新的可能性不大，读者也很难发现和判断作者是否有知识的创新。但是，如果将这个大论域做一个"时间"的切割，就可以发现其中没有人研究过或者研究尚且不够详尽的领域。例如，"中国唐朝天宝年间的死刑执行"，就有可能是一个新的主题。[2] 再比如，"一带一路"是一个非常大的论域，已经有海量的与之相关的研究成果存在，但如果经过正确的"空间"的切割，你就能够凝练诸如"'一带一路'框架下中国与巴基斯坦的国际劳务纠纷解决"这样更可

---

[1] 李泽厚：《批判哲学的批判》，北京：人民出版社1979年版，第114页。
[2] 通过历史时间的切割和选择而产生更为精细的学术洞见从而创造新知的典型作品，例如黄仁宇教授的名著《万历十五年》。

能贡献出新知的主题。[1]通过这种方法你才能找到没有人触碰过的新鲜领域,从而判断知识存量的方位,探索知识增量的可能。

在学术界,一些经典的争鸣和辩论在本质上其实是时空限制问题在具体议题中的研讨。前文已经叙述过,真理可以突破时空的壁垒。但进入现代社会之后,作为学术生产和科学知识意义上的真理已经不复存在,我们生产的全部是知识。所有知识遭受的局限是时空局限,也是知识生产者必然遭遇的时空局限。当这种限度变成一种方法工具,便可以帮助我们限缩论域,突出具体、聚焦的研究问题。

我们切割论域,形成主题的第二把刀是类型化。分类是人类认识世界最重要、最基本的方式。"分类是人类最基本的能力,如果没有分类的能力,人类将无法生存和采取行动。分类是我们采取行动时需要依靠的一个重要指针。分类使人能够把握自己与别人的关系、人与神的关系、自己与家庭的关系、自己与社团的关系……从而可以藉此采取相应的行动。"[2]因此,借助类型化思维,我们也可以把论域缩小为清晰的主题。比如有同

---

[1] 笔者对上述两个主题并无研究,只是在指导学生论文时感叹于那些大而不当、不知所云的"大论域",从而举例说明用时空要素对论域可能的切割与限缩。

[2] 王启梁:"法律是什么?——一个安排秩序的分类体系",载《现代法学》2004年第4期。

学要研究中国的养老问题，这个题目太大了。如果不用时空的方式，就可以用类型化来加以限定。养老是可以分类的，比如居家养老、商业养老、社区养老等等。其实在居家养老、商业养老、社区养老的分类下面，还可以有更为微观的分类。类型越具体清晰，我们的研究主题也就变得越发精准明晰。

在这里笔者引用唐亚林教授的"先分层、再分类、后量化"的观念，以期从另外一个具有整体意识的维度，对类型化做出进一步的说明。

> 一般来说，思考问题时，除了我们所说的运用新理论和新方法外，首先要做的工作是"分层次思考"，即该问题可以从两个基本层面上去把握其内涵和内在逻辑，一是"就问题看问题"，二是"跳出问题看问题"，在"跳出问题看问题"时，还可以再分几个层次来分析，此时遵从的分析逻辑是运用系统论的方法。比如，对中国公共政策制定问题的思考，"就问题看问题"时，必须研究它的决策体制问题；"跳出问题看问题"时，就必须思考中国的集权体制和央地关系问题；再"跳出问题看问题"时，就必须思考中国的政治体制问题、党政关系问题、单一制问题等等；如果还要再"跳出问题看问题"，就必须从全球化的视角进行分析。再比如，对责任制原理的理解（个人概括），第一个层

次是从权力的来源角度去把握责任制内涵，这属于政治制度的范畴，即我们通常所说的人民主权原理——民众与权力机关的关系，民众选举议员，由议员组成代议机关即权力机关，此层次的责任制原理在于议员向有选举权并产生他/她的民众负责；第二个层次仍是从权力的来源角度去理解，此时属于政府体制的范畴，即行政机关与权力机关之间的关系，行政机关向产生它的权力机构负责，通常表现为责任制内阁原理；第三个层次同样属于政府体制的范畴，表现为行政机关内部机构、人员与行政机构负责人之间的关系，行政机构与人员向行政机构负责人负责，通常表现为行政首长负责制原理；第四个层次还是属于政府体制的范畴，表现为行政人员与行政职位之间的关系，行政人员向其所从事的公职负责，通常表现为职业化伦理原理；第五个层次则属于社会正义范畴，表现为政治机构及其人员、行政机构及人员与社会正义之间的关系，所有机构体系及人员对社会正义负责，通常表现为正义原理，这一原理属于最高层次的责任制原理。如果将这五个层次的责任制原理再做分层的话，可分为政治制度层面的责任制原理、政府体制层面的责任制原理、社会正义层面的责任制原理三大范畴。正是因为实施了"分层次思考"方法，对于责任制原理的内涵和内在逻辑便有了清晰的划分和把握，讨论此问题时便有了明确的研究思路和对话的平台。

思考问题时，其次要做的工作是"分类思考"，也就是人们通常所说的类型学划分，即按照不同的标准对问题进行分类，将其划分为不同的类型，进行差异性比较，其目的在于将纷繁复杂的现象纳入到一个大的分析框架之中，以期对问题的内在逻辑进行解释和说明。分类思考的好处在于按照一定的标准对事物进行分类，能快速发现其异同，找出事物的内在规律，其不足之处在于标准的变化会导致对事物性质认识的变化，而且简单的分类可能忽略了事物的内在复杂性，无以把握变动不居的事物特性，有时难免出现"大而化之"的状况。尽管分类的方法问题多多，但由于其内蕴的快速分辨事物的特质和差异性，时至今日仍被人们奉为社会科学研究方法的"圭臬"。而且，随着人们对分类方法的精确把握，尤其是采取纵横轴的交叉分类方法，人们可以得出对事物性质进行不同解读的组合分类模式，从而厘清对事物性质的多样化认识。比如，两千多年前亚里士多德根据统治者的目的和执政者人数两项标准，将政体划分为两种类型六种形式。两种类型指正宗政体和变态政体，在前者，统治者的目的是促进公共利益；在后者，统治者的目的只是照顾统治者们的私利。六种形式指属于正宗政体的君主政体、贵族政体、共和政体，以及属于变态政体的僭主政体、寡头政体、平民政体。其中，君主政体和僭主政体的统治者为一人，贵族政体和寡头政体的统治者为少数人，共和政体和平民政体的统治者为多数人。再比如，人们运用经济发展水平和政体类型对国家所进行的组合分类，就能快速地帮助我们把握复杂多样的国家的内在性质。

思考问题时，最后要做的工作是"量化思考"，也就是运用社会科学量化研究方法在分层次思考、分类思考的基础上，对事物是否偏离预定目标以及偏离目标的程度，以及影响事物的各变量之间的关系与互动机制，进行有机测量和验证，从而获得对事物本质特性与变化规律的准确解释和动态把握的过程。"量化思考"的方法在当代中国社会科学研究中是最为薄弱的环节，长期以来我们过于重视从定性的角度去分析和解释事物的性质，而忽视对事物各变量之间的互动机制的有效解释，究其原因，在于社会科学研究忽视对定量研究方法的学习，在于高中阶段就开始的文理分科所带来的对数学方法教学的忽视和轻视，在于社会科学各门类尤其是人文科学对量化方法的主动或被动放弃。当今世界，各种社会问题的交织以及非线性、不确定性和复杂性的增强，仅用定性的研究方法远远不能有效揭示事物运动的特性，需要运用数学建模、计算模拟、计算方法等复杂性科学的研究方法，方能洞察事物运动的基本规律。在公共政策领域，复杂性科学研究方法的运用有助于分析和把握现实公共政策是否偏离公共政策制定的目标和偏离程度，有助于分析影响公共政策制定与执行的各变量之间的关系和互动机制。然而，"量化思考"的方法有一个致命的弱点，即过于从变量技术角度去把握事物的特性，而忽视从整体性角度去把握事物变动的规律，容易导致"只见树木不见森林"以及陷入"细枝末叶困境"之弊端，而且仅仅从变量变化角度去从事社会科学研究，无以把握人性的复杂性和事物交织乃至整个社会变动的复杂性，更无以把握人类社会生产与生活的总体变动规律。从此角度上讲，只有从大历史角度把握好了思考问题的"分层次思考"方法与"分类思考"方法，而后从量化角度去进一步验证，方能凸显"量化思考"方法的科学性和周全性。[1]

第三把刀是方法论。当论题明确之后，我们应该怎

---

[1] 唐亚林：" 思考问题的'三步法'或曰'九字方针'"，http：//blog.sina.com.cn/s/blog_51f28acf01016an0.html，2018年2月23日访问。

样去靠近它、揭示它、处理它？这就叫方法论。同样是"中国西南地区的居家养老"，同样是"'一带一路'框架下中国与巴基斯坦的国际劳务纠纷解决"，用不同的研究方法介入便会呈现为完全不同的作品。例如，"中国西南地区的居家养老"，你用访谈、问卷、统计数据分析、比较、案例（个案）研究、文献研究，将会呈现出完全不同的作品。即使是研究历史，是运用档案还是访问健在的历史当事人并用口述史呈现，也将会是同一主题的两个独立而又各具意义的作品。

但我们这里要指出方法与方法论的差别。方法是具体的操作工具，而方法论是对工具背后的意识形态的洞察。事实上，没有任何方法可以超脱于意识形态和价值设定。我们举例说明。罗素曾写过一篇《语言的两极》的文章，其中，罗素提到一个概念——不规则动词。有时候我们使用不同的词，实质上这些词所表达的意思完全相同（通），但却携带了我们不同的偏好与认知的前设：

> 同一个意思，选择带有特定感情色彩的字眼进行渲染，就可以造成完全不同的观感，以至于听起来像是截然相反的两种观点，这就是"不规则动词"理论的奥妙所在，也是无数白费口舌的争端的来源……最能体现这一点的，是分析哲学的创始人伯兰特·罗素为伦敦《新政治家与国家》杂志设

的一个被称为"不规则动词"(irregular verb)的游戏。规则很简单,分别用"我""你""他"这三个人称,以褒义、中性和贬义三种形式表述同一个意思。

罗素用"我坚定,你倔强,他呆板"开了个头,读者的参赛作品很多,个人比较喜欢的有"我活泼,你多话,他醉了";"我义愤,你生气,他暴怒";"我重新考虑过,你改变了主意,他违背了诺言"之类。当然,如果我们的读者有兴趣,大可以再按照这个思路总结出一连串的所谓"不规则动词"(其实更多的是形容词),反正基本原则是:乍看冰火不相容,细想其实一码事……1993年《时代》和CNN搞了一个联合民意调查:"应当通过立法来禁止利益集团赞助竞选吗?"大约40%的人表示同意;同年的另一个民意测验提问:"应该通过立法来消除所有特殊利益者给候选人大笔金钱的可能性吗?"这回大概有80%的人表示同意。这40%的统计差别背后,有实质的政策差别吗?[1]

所以,语词的背后其实都隐藏着言说者的偏好、认

---

[1] 周玄毅:"沉默的辩手与不规则动词",http：//book.ifeng.com/gundong/detail_2012_03/13/13148641_0.shtml,2018年3月4日访问。

知和意识形态。即使在那些极力主张"去意识形态化"的作者那里,这种价值观前设都是无法被取消的。胡适的《多研究些问题,少谈些主义》是这其中的典型。在这篇文章中,胡适写道:

> 更进一步说:"请你们多多研究这个问题如何解决,那个问题如何解决,不要高谈这种主义如何新奇,那种主义如何奥妙。"
>
> 现在中国应该赶紧解决的问题,真多得很。从人力车夫的生计问题,到大总统的权限问题;从卖淫问题到卖官卖国问题;从解散安福部问题到加入国际联盟问题;从女子解放问题到男子解放问题……那一个不是火烧眉毛紧急问题?
>
> 我们不去研究人力车夫的生计,却去高谈社会主义;不去研究女子如何解放,家庭制度如何救正,却去高谈公妻主义和自由恋爱;不去研究安福部如何解散,不去研究南北问题如何解决,却去高谈无政府主义;我们还要得意扬扬夸口道,"我们所谈的是根本解决"。老实说罢,这是自欺欺人的梦话,这是中国思想界破产的铁证,这是中国社会改良的死刑宣告![1]

---

[1] 参见胡适:《胡适全集》(第1卷),季羡林主编,合肥:安徽教育出版社2003年版,第324—328页。

在这篇著名的文章中，胡适先生显然认为问题本身是去意识形态化的，是真实的，而不是玄虚的，与意识形态无关。文章中胡适举了一些例子——"从人力车夫的生计问题，到大总统的权限问题；从卖淫问题到卖官卖国问题；从解散安福部问题到加入国际联盟问题；从女子解放问题到男子解放问题"——并认为分析问题、解决问题才是实用而真诚的学术态度。可问题是：为什么这些"问题"是"问题"？为什么人力车夫的生计"问题"到大总统的权限"问题"、从卖淫"问题"到卖官卖国"问题"、从解散安福部"问题"到加入国际联盟"问题"、从女子解放"问题"到男子解放"问题"是"问题"呢？这都是一些存在的社会现实，但为什么是这些现实而不是别的现实构成了胡适先生眼中的"问题"呢？这个"问题化"（problematization）的过程，难道不是一个价值前设或意识形态选择介入的结果吗？所以，问题化携带着某种主义，不同的主义把不同的社会现实视为不同的"问题"。女子解放在封建主义那里，并不是问题，只有在现代性男女平权的价值前设中才是问题。所以，胡适的这篇文章的实质哪里是"少谈些主义"，而是悄悄地呈现了另一种主义。

我们想强调，不同的学科都携带不同的意识形态前设，这是无法避免的。但对这种本体论前设有所知觉、有所省察，便是简单使用方法和具有方法论意识最大的不同。就比如下图,这是一张不同学科的意识形态光谱。图中越往左越支持相对主义、保守主义、个体价值、地方性知识、非普世化的个体价值;而越往右越支持政治上的自由主义、道德上的功利主义、全球意义上的普世伦理、融贯性的一统科学。

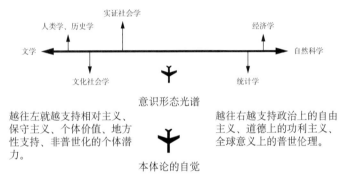

意识形态光谱

越往左就越支持相对主义、保守主义、个体价值、地方性支持、非普世化的个体潜力。

越往右越支持政治上的自由主义、道德上的功利主义、全球意义上的普世伦理。

本体论的自觉

我们用这些例子是想说明,我们无论在学术研究还是日常生活中,无法脱离意识形态前设,在运用某种研究方法介入社会生活时,这种意识形态前设也依旧存在。举例而言,假如我们想要调查复旦学生对食堂的满意程度,该怎么做?第一种方法,是在大数据还不那么普及前,我们通常会想到的一个方法,就是采用访谈的形式,在食堂随机挑选几个同学,与他们进行相对深入的交流:比如说,他们对满意的定义是什么?喜欢食堂的哪一方面,而不满意哪些方面?然后通过访谈,归纳出一些共同点和问题,从而得出结论。这种方法实际上包含的是一种定性分析(质化研究）的意识形态——也就是平面的结论没有价值，例如喜欢不喜欢食堂这类问题的平面回应没有意义，"为什么喜欢""为什么不喜欢""什么是你关于喜欢的定义和认知""怎样做才会更喜欢"这样对意义深度的探问才有价值。

而第二种方法，可能是多数人的第一反应——采用问卷调查、数据统计的方式。比如设计一份问卷，为不同的态度赋予分值——1 分代表特别不喜欢，2 分代表不喜欢，3 分代表中立，4 分是喜欢，5 分是特别喜欢。然后请同学们作答——这背后其实就蕴藏着一个庞大的量化研究的意识形态，比如说我们最终得出了一个精确的平均值，大家对食堂的评价是 2.87 分，而这个数值就能够标定和显示出学生对食堂的好恶。请大家思考一下，这种标定和显示是否具有某种意识形态偏好？事实上"数字"是具有价值观的。举个例子，比如一个文具盒当中有三支笔，"三支笔"对我们来说非常直观，都是感性可以触及的对象，但在我们感性的认识当中，从来都没有感知或者碰触到"三"，因为这是一个高度抽象和超验的认知概念。我们从来没有见过"三"，我们只见过三支笔、三个人、三辆车，可我们却能够认识没有被直观过的"三"，能够把这个高度的抽象视为真实——这就是一个非常古老的意识形态，可以追溯到古希腊哲学中的毕达哥拉斯学派。笔的形态一定是参差的、各异的、具有个体属性的，而"三"不是，"三"这样的数字是对存在抹去差异后的高度统合，是对它们的存在的一种非直观把握。所以，把"三"看成比"三支笔"更本质的真相，这是一种意识形态，也是一种强大的偏好。

关于"数"这种意识形态的形成，其实可以追溯到人们在古希腊时代探索过的世界的本原。最早的哲人认为，世界的本原是水。为什么会认为是水呢？按照黑格尔的说法，是因为如下两个理由：第一个理由是，万事万物只要有生命的形态皆湿润，它是一个感性观察的总结；第二个理由，水具有某种超验价值，因为在古典社会，古人会以水的名义盟誓，如"我以幼发拉底河的名义发誓"，所以水相当于超越人的神性。但古希腊的哲学家对这一命题进行思辨的时候，会遇到一个悖论式的困难。如果我们把任何世界上的本原第一依据归纳成感性上的质料的话，那就无法避免一个 further question：水又是由什么构成的呢？万事万物的第一构成要素如果是水，而水又是一种感性的质料的话，那就会造成上述的问题，追问构成水的更本质要素。所以哲学就会放弃对确定性本原的把握，就会有人提出世界的本原不是水，而是火。说是火，其实是放弃了，意思是变动不居才是世界的本原。所以当我们说世界的本原是火的时候，事实上我们已经对世界本原做出了一种解构主义的判断，不再相信这个世界有确定性的本原了。但是，我们也不会满意这种做法，因为这种做法对现实没有确定性意义。[1] 所以，在古希腊哲学当中，关于世界本原最有效的判断，就是毕达哥拉斯学派的观点：世界的本原是数。

当我们说世界的本原是数的时候，其实包含了以下两个理由：第一，数不在感性世界当中，它是一个纯粹观念的范畴，所以我们不需要把"数"划得更小、分得更细，去了解"数"又由什么构成。你不能问这个问题——因为"数"不在现实世界中。你可以问我杯子由什么构成，三只杯子由什么构成，你不能问我"三"由什么构成，因为"三"不是存在实体，而是超验观念。"正是通过毕达哥拉斯派，西方人第一次不以自然的感性形式来了解'绝对'，而是把它了解为一种思想的范畴，因为，事物的数学性质不是感觉知觉所能达到的，它必须通过思想——'客观的思想'。"[2] 第二，数是一个累进的系统，数可以丰富，可以迭代，可以增进，因此数可以跟这个更复杂的万千世界产生更多对应性的关联。这就是"数学帝国主义"的源头，认为一切都可以转换成数，这也是现代科学主义强大的武器。

我们现在的任何一个学科，如果可以声称自己是科

---

[1] 参见王德峰：《哲学导论》，上海：上海人民出版社2000年版，第74—77页。
[2] 同上书，第80页。

学，实际上都是看它的数学化程度。它携带了一个非常古老的意识形态偏好的胎记，就是还原成数是更接近本质的对外部世界的判断。这个观念是一个重大的偏好，在近代哲学转型之后，这个偏好受到了非常强烈的批判。还是举之前的例子，调查学生对食堂的满意度这项研究中，当你调查出在校大学生对食堂的满意度是2.87时，你最终把这件事情真正的意义错过了。正如我们前面所说的，我们需要"回到事情本身"。不同学生对满意的不同定义，我们错过了；学生满意和不满意的理由有别，我们也错过了。这就像要在一群人当中去求一个身高的平均值，这群人当中有姚明，最后得出的这个平均值，既不能反映姚明的身高，也不能反映我们其他人的身高。既然如此，我们为什么还要将这个抽象的数定义为一种最彻底的真实呢？批判者指出，将数定义成最彻底的真实，这是因为启蒙所产生的控制欲望。它背后的意识形态所根属的是控制性的权力欲望。

在古代，当我们对自然现象，比如天气，没有办法用数进行描述的时候，我们用神话进行描绘。我们认为，有风婆、有云伯、有布雾郎君，还有四海龙王降雨于四方。这意味着我们与自然的关系仍然保留着崇敬的畏惧，我们视自然以及自然所孕育的天道高于人。但当我们用现代社会的自然科学对天气进行数理描绘的时候，所有的神灵都会消失隐遁。马克斯·韦伯将这个过程称为"祛魅",自然与社会都丧失了以往的神性。在现代性语境下,人和外部世界之间的关系也发生了一次逆转。"我"变得越来越强大,"我"凌驾于自然之上。自然不仅仅是可以被理解的,甚至是可以被控制的,最典型的控制自然的方法,就是驱云避雨和人工降雨。而这种控制是以数理逻辑为前提、为方法的。

因此,我们可以认为,当我们进行数理化的时候,实际上意味着控制,认为这是研究者和研究对象之间一种独特的权力结构。我们在自然科学当中,仍有很多领域无法数理化,我们就认为这些领域仍处于混沌的状态,比如股市。在我们所提的研究中也是一样,我们之所以采取量化的研究方法,实际上也是因为这种强大的意识形态——它代表着简单、效率与可控,它成本低廉,数字甚至可以用模型建立起因果关系,让学生的好恶能够通过量化的过程被我们所掌控和理解。

通过这一个例子我们可以清晰地明白,无论是访谈形式还是问卷形式,实际上背后都有着强大的意识形态的支撑:通过访谈,我们可以定性地看待这件事,明白作为个体的、不容取代的被访学生的偏好以及背后的原因和意义,从而产生对问题具有意义感的理解;而通过问卷的形式,我们可以得到能够被我们所利用与掌控的精确数据,从而定量地分析问题,从而产生对问题具有控制力的理解。所以,不管你用定量的方式了解世界,还是用定性的方式了解世界，这背后实际都存在着完全不同的价值观。如果我们学习方法却不了解其背后的价值观，研究将会限于肤浅。

在论域（area）被恰当地切割后，我们自然获得了研究的问题（topic）。其实一般而言，研究问题就两类：一是如何变革——如何变得更好，例如改变政策和法律从而解决问题，这是现实对策考量；二是如何思考——如何想得更透，从而产生普遍的知识以有助于我们洞察和分析问题，这是理论融贯的思考。这个部分我们在讨论问题意识和理论意识时已有详细论述，在这里只是稍作补充。事实上，研究应该以问题为导向还是理论为导向本来就存在争议。我们的建议是两者需要平衡，所以才同时提出了"真问题"和"好问题"两个标准。而在理论考量部分，我们建议研究者在研究中能够真实地看到理论发生的过程。什么是理论的发生？具体而言有三个层次：创造理论、对话理论和运用理论。这三个层次的难度依次降低。最高层次的是创造理论，能实现这一层次的人并不多见，而创设广义理论更是难上加难。很多学者是创造修辞，即他创造了新的概念，代替老的概念，但概念本身并没有涉及事物之深层机理，并不能拓展人们的本质洞察，这使得所谓的理论创造在实际上沦为了命名问题。应该承认，创造理论的人不是多数，他们是天才和大师，会被学术史铭记。他们往往贡献研究问题的全新角度、理念、范式，从而为理解世界贡献新的崭新可能。第二层次是对话理论，即和既有的理论进行研讨和批判性商榷。举一个例子，在ADR研究中很重要的一部分是建立ADR和女性主义的关联，即认为ADR和女性的关联非常紧密。女性主义论者认为，男性的思维是分割性的，即这是你的还是我的、是赢的还是输的、是对的还是错的——这种思维方式与法庭构造同构。而女性有的是一种连接性思维，即把大家汇聚在一起，然后进行信息交互、彼此融通——这种思维方式非常有利于调解。因此传统的女性主义和ADR之间的连接非常紧密，所以西方学术界有这样一个理论结论：女性会更适应于调解，甚至喜欢调解[1]。但做经验研究的时候，我们把这个理论放到中国来做检验，研究发现从经验数据上并不能看到这个规律。如果问被调查地区的女性的法律人，无论律师还是法官，你是更偏好诉讼还是更偏好调解，我们发现男性跟女性之间没有非常显著的差异，甚至男性在一些问题上更偏好适用调解一些。这其实就是与理论进行对话。这里其实没有

---

[1] Carrie Menkel-Meadow, "Portia in a Different Voice: Speculations on a Women's Lawyering Process" (1985) *Berkeley Women's Law Journal* 39, 53, note 78. Judith G. Greenberg, Introduction in Mary Joe Drug. 1992. *Postmodern Legal Feminism* (New York: Routledge, 1992), p. xiii.

创设新的理论，但是我们能够看得到性别和 ADR 这个理论的一些瑕疵或值得批判进步乃至加以修正的空间。这个理论不见得错误，只是它的成立需要新的更为精致的前提，因为我们在中国情景下提出了一个针对女权 ADR 理论的非常明显的反例——这样的工作就叫"理论对话"。但是很多同学写论文的时候，做了大量的经验研究，然后得出结论说，女性法官跟男性法官一样的，都不喜欢或者都喜欢调解。但这些同学没有把他们的研究连接到理论当中去，使得文章仅仅变成了一个调研数据报告，一种浮光掠影的碎片化信息堆积，对不关心这一问题的人不能产生启发与触动，也不能由此帮助他们分析和解决其他问题。第三个层次，也是最低的要求，就是要运用理论，即把理论的基本框架运用到新的经验、事实和问题当中。但是很多同学写的研究一点理论性都没有，由此法学文章很容易陷入理论空白的境地——这使得一篇学术研究论文变成了数据报表的堆积、各种法条的罗列、无法实证的断言、政治态度的宣示、个体问题的对策。例如在一些比较法研究中，作者一上来就提出一个问题，而对于解决的方法则说，"日本是这样解决的，好，我们也应该这么解决"，于是轻松地得出了法律移植的简单结论。但那些最基础的理论问题，例如法律可以不可以移植？可以移植的前提是什么？这些前提和标准正确吗？合适吗？在中日法律移植这一个具体的问题上这些前提和标准有效吗？中日特定法律移植这个特定主题是否满足这些法律移植的前提和标准？移植的成本和避害需要考虑吗？在理论上如何预估和避免这些成本？——这些重要的理论问题，这些关于 How to think 的理论问题、构成作者论述前设和基础支撑的理论问题，往往在论述过程中消失了，从而使得这种所谓的比较法研究和法律移植的判断非常廉价。值得注意的是，理论不一定都是研究宏大问题，在具体个案研究中也可以透入理论关怀。Vala 教授曾有一个形象的比喻：有的人对知识的贡献主要是整合（lumper），将杂多抽象统一；而有的人对于知识的贡献主要是分立（splitter），将抽象敲碎，直接逼近具体的杂多。他们的工作都具有重要意义：前者建构了广义理论，使得我们洞见社会生活的深层机理，并大大节省了人们逐个认知社会现象的成本，所谓"事不同而理同"；而后者则重新将既有理论拖入鲜活而生动的现实世界，从而让我们获得对世界的质感把握，标记出理论"力有不逮"之处，从而为新的整合、新理论的出现创造契机。[1] 也正是在这个意义上，个案研究可以导向理论研究与理论意义。

---

[1] Carsten T. Vala 教授在 Writing Workshop for the Social Scientific Study of Religion among the Chinese（2018）的讲座 "Focusing an Article for Clarity: One Idea from Start to Finish"。

我们为什么要介入理论问题？具体理由我们在第一章已经讨论过。在谈到理论研究时，Zacherman 总结概括了几种重要的理论状态：处理既有的困惑——现有理论尚未解释的谜题；进入理论的竞争——对现象有不同的理论完成了不一致的解释；作为假说的理论——理论预设清晰，逻辑明朗，但实证证据依旧匮乏；研究者自己发现的困惑——例如在田野中遇到的特殊的、有趣的、反常的现象和问题；对理论的延展，使其进入新的学科领域，对其他社会现象也产生有效的解释，等等。[1] 如果你的研究正处在上述状态，那你的研究可能就触碰到了具有理论意义的问题或开拓了研究问题的理论维度。

---

[1] Ezra W. Zuckerman, "On Genre: A Few More Tips to Article-Writers" (2015), http://mitmgmtfaculty.mit.edu/esivan/reviews_essays/, 2018 年 7 月 19 日访问。

第二十七章 论文要素

明确了议题,我们便可以开始论述了。那么,论述的要素有哪些呢?我们把要素化解成下一页这张表格,论文的写作可以按照这张表格的结构和要求逐步精进,逐步完成。

接下来将对这个表格当中的部分内容做一些说明。第一点说明是关于文章的标题。标题由主题词构成,当我们将主题词视为一些概念,将之概念化,可以找到进入学术研究的钥匙。概念化不是定义,后者仅仅是对语词的含义进行字典式的界定和描述。概念化(conceptualization)是指用什么概念工具——往往这些概念工具有其嵌入的

要素	细目	备注
标题（Title）	文章的题目	文章的标题由"关键词"组成，关键词对于论文写作极为重要，你需要慎重地凝练关键词，并对照文章有没有回应关键词
目录 (Table of Content)		
导论 （Introduction）	论域 （Area）	研究的领域从比较广泛的角度开始，慢慢收焦
	主题 （Specific Topic）	在清晰的问题意识指引下聚焦到具体主题
	研究问题 （Research Question）	论文要回答的实践和理论问题；通过论述使得问题的选择正当化（即回答为什么要研究这个问题）；不超过3个为宜
	观点立场 （Thesis Statement）	作者明确的态度、观点、立场
	论文结构 （Outline）	论文行文的内容顺序安排
文献综述 (Literature Review)	现有文献 (Existing Literature)	相关研究的已知存量
	研究间隙 (Research Gap)	现有研究的不足（哪里不足，为什么不足）；创造新知的可能性和突破口

(续表)

要素	细目	备注
文献综述（Literature Review）	方法和理论框架（Methodological and Theoretical Framework）	视文字体量，方法与理论框架可在导论部分或用专章写作完成；方法论部分应该包括你所用方法的定义，为什么要用这种方法，以及方法与你具体研究内容之间的连接关系
正文与论证（Main Section）		论文的主体部分
结论（Conclusion）	论述整合（Summary）	对正文内容的概括、梳理、总结
	观点立场（Thesis Statement）	明确的态度、观点、立场
	理论价值与/或实际运用（Theoretical Value and/or Practical Implication）	
	研究的限度和未来的可能（Limitation and Future Research）	本研究的不足，未来值得学术接力之处
参考文献（Reference）		本文引用过的参考文献，应询问论文指导教师最低数量的要求；按照作者姓氏字母顺序排列，中英文文献分别排列
附录（Appendices）		非必须
致谢（Acknowledgement）		非必须

理论语境。选择了一个概念，理解其理论语境，也就自然进入了学术脉络和文献综述的脉络。一些核心概念的内涵演变、理论意蕴和适用范畴，往往构成了重要的学术累进和批判的知识脉络，对这些知识脉络的理解和梳理可以构成文献综述非常重要的一部分。如果我们不是随意地使用概念，不是似是而非地使用概念，而是本着对学术传统和积淀抱着尊重的态度使用概念，我们的研究自然就可以和既有的知识存量，通过概念发生关联。这种关联可以帮助我们标定自己研究的清晰位置，也可以让我们对既有研究产生新的学术推进。当然，如果是做经验研究，用什么概念来概念化我们所研究的经验事实是不小的学术挑战。因为会有多个类似或相邻的概念都可以用来描述我们研究的经验事实，我们面临选择的问题，而这种选择必然涉及对概念真正的理解。没有这种理解，我们无法辨识概念之间的微妙差异和描述现象时的细腻质地，而这种理解当然不是语词意义上的，而是对概念嵌入的理论语境具有知识考古学意义上的了解，也就是对这一概念之学术脉络的洞察。一旦这种对概念，即标题关键词的理解完成，我们就明确了语词的含义，建立了和既有研究的关联，也同时可以运用这个概念去解释和处理具体的问题了。

第二点说明是关于导论，导论是上述表格中的第三部分。导论部分的第一个要点就是交代论域，即对研究的大背景进行介绍,所以往往笔触比较开阔,之后再逐步聚焦到主题。有不少研究者会把导论部分放到最后来完成,这样对论域的把握会更清楚一些。导论的第二个要点就是凸显选题的价值,就是指你的问题能够正当化,即你的研究有意义。具体而言,这两点也就是解释我们之前提到的,为什么这是一个"真问题"和"好问题"。导论的第三个要点是对文本的正文结构进行介绍。例如:

> In the following sections, the social circumstances of the area where the fieldwork was conducted will first be explained. The powerful guanxi mechanism, which is the social context reinforced by the court staff will be analyzed by using a thick description. Secondly, the paper will describe two very interesting and typical cases, with the objective of this description being to show how judges at the Southwest grassroots courts implement court mediation in solving disputes. Thirdly, based on case-studies and fieldwork in T District, the merits and drawbacks of court mediation will be further discussed. [1]

这个就叫作结构安排。在第一段,文章将用深描的

---

[1] Xiong Hao, "The Two Sides of the Court Mediation in Today's Southwest Grassroots China: An Empirical Study in T Court, Yunnan Province" (2014) 1 (2) *Asian Journal of Law and Society*.

方法，先介绍田野的基本情况。第二段将介绍两个个案，并通过个案展示法院调解的运作过程。基于这些个案，第三段将讨论法院调解的利与弊。也有很多英文作者会在导论的最后，明确地提出自己全文的观点。

第三点说明是关于文献综述。对比成功的文献综述和失败的文献综述，也许有利于我们把握文献综述的写作。成功的文献综述具备以下几个特征：

1. 前沿性。文献综述应该关注学术的最新发展，不是为了赶时髦，而是为了防遗漏。——你需要时刻意识到你是在和整个学术市场的参与者进行竞争，这是一个动态的过程，你需要时刻留意你所从事领域的 research gap 是否已经被 fill up。

2. 覆盖性。一个好的综述应该涵盖所有重要文献，围绕研究的中心问题，探索方方面面的答案，包括自己不同意的答案。对与自己的假设或发现不一致的文献或理论，尤其不能忽略。首先，只有站在对立面上，才能真正深思熟虑地斟酌自己的观点。其次，如果你能驳倒某个主流的观点或有影响力的理论，那么你的研究将更有分量。再次，对立面的存在至少说明你的结论并非显而易见，琐碎无聊。覆盖性要注意两点：第一，这个领域的基础文献必须要覆盖，好的方法是听取指导老师的建议，了解这个领域哪些作品是不得不读的，同时也可以参考其他新近的博士论文,这些博士论文中的文献综述部分会给你很好的指引;第二,有一些领域学术市场上存在一些重要的论文集,他们把很长一个历史时段的文献都分门别类收录了,这些被选入的文章将非常有参考价值。最后,有一些学者在一个时间段会将这一时间的相关文献做一个全面的综述,这样的论文也非常具有参考价值。[1]

3. 相关性。在坚持"全面"原则的同时,我们又不能对所有文献不加选择地包揽。我们只需要回顾与本研究直接相关的、或至少间接相关的文献,避免讨论不相关文献。

4. 分析而不是堆砌文献。罗列文献是初级水平的文献综述,成熟的文献综述要有分析。最重要的分析技巧包括辨识有重要理论贡献的关键文献,依据不同的理论视角将文献进行归类,比较各种观点之间的差异和逻辑关系,并且批判性地评估各种观点的理论价值和经验证据。

5. 连贯性。好的研究综述应该自始至终围绕一

---

[1] 例如在纠纷解决领域,James Wall 教授大约每隔十年的系列文献综述文章,James A. Jr. Wall and Ann Lynn, "Mediation: A Current Review" (1993) 37 (1) *The Journal of Conflict Resolution*; James A. Jr. Wall et al., "Mediation: A Current Review and Theory Development" (2001) 45 (3) *The Journal of Conflict Resolution*; James A. Jr. Wall and Timothy C. Dunne, "Mediation Research: A Current Review" (2012) April *Negotiation Journal*.

条主线，为作者的思路服务，一步一步推演出研究假设。[1]

而失败的文献综述具备以下几个特征：[2]

1. lack of organization and structure
   缺乏组织和结构
2. lack of focus and coherence
   缺乏焦点和连贯
3. being repetitive
   内容重复
4. failing to cite influential papers or studies
   没有引证最有影响力的文献
5. citing irrelevant and trivial references
   引用了无关紧要的文献
6. failing to cite the current papers or studies
   没有引证最新的研究成果
7. failing to critically evaluate cited papers
   没有批判性地评价引证的文献

凌斌教授将文献综述分为三个步骤："确立问题意

---

[1] 彭玉生："'洋八股'与社会科学规范"，载《社会学研究》2010年第2期。
[2] *How to Prepare Thesis Proposal：A Guide for MPhil and PhD Students*，A Publication of the Graduate School，the University of Hong Kong，p.3，http://www.gradsch.hku.hk/gradsch/f/page/476/1666/thesis-proposal.pdf，2014年12月11日访问。

识,概括学术传统,区别现有观点。"[1]标记出研究者可能的对知识存量的突围方向,对新知的贡献,使得自己的研究能积极地在知识协作中有所创造,这便是文献综述的主要目标。其中最重要的,就是能和现有观点有所区别。"当你有一个很有意思的问题,有一个新颖的视角,有一个别致的解读,你最想要做的并不是找到一个和你讲法一样的权威。相反,你需要通过区别别人的观点,来确立自己的原创性和独立性。"[2]文献综述最重要的目的是为了标定新知创造的可能。创新不是修辞,而是实质性的内容相对于整体学术界产生的知识增量,即使这个增量并不显著——但是是增量就好。何海波老师曾举过一个例子:"有一个学生想写《博弈论视角下的中国公共听证制度的构建与完善》,听起来似乎不错。但是,当我问他:'原来大家的讨论算什么视角?它有什么问题?博弈论视角能够提供什么新的启示?'他讲不出来。如果连这一点都回答不了,那么,这篇论文的选题价值就值得怀疑了。"[3]——因为这篇文章没有创造新知,即使是有限的新知。

以创造新知为基本出发点,好的文献综述有三个标

---

[1]凌斌:《法科学生必修课:论文写作与资源检索》,北京:北京大学出版社 2013 年版,第 128—129 页。
[2]同上书,第 129 页。
[3]何海波:《法学论文写作》,北京:北京大学出版社 2014 年版,第 31—32 页。

准：第一，必须对文献有归纳（注意是归纳而不是罗列），甚至是对代表性文献完成不遗不漏的具有类型化高度的归纳；第二，能够在大的思想脉络中对文献进行反思（注意是反思，是批判性阅判，而不是评述。关于批判性的概念及用法，我们已经在批判思维部分解释过了）；第三，能够对文献提供有实质性含义的、而不是形容词式的批判性的评判。对于批判和反思，我们引用何海波老师文献综述的一例，何老师对此作出了非常清晰的示范：

> 中国学术界对美国司法审查合法性的讨论是相当有限的。与美国最高法院所确立的宪法原则和宪法解释方法相比，宪法解释权的边界很少有人注意。强世功教授曾经讨论过美国司法审查的历程，及其在理论上遭遇到的挑战。任东来教授等多位学者介绍了"反多数难题"的起源，以及集中试图消解该难题的回应。其中任东来的文章指出立法不能代表多数，因此，司法审查未必是反多数的；范进学教授借鉴萨托利关于"少数的权利是民主过程本身的必要条件"的观点，试图以此消解"反多数难题"；周永坤教授通过考察西方晚近的各种民主理论，指出司法审查具有民主正当性。但是，这些讨论没有描绘出司法审查的现实图景，特别是它与公众意见的关系，因而不能揭示司法审查合法性真正

基础及其在民主体制中的功能。[1]

我们在前面讨论从论域到论题的三把刀时，提到的三个方法——时空观、类型化和方法论——其实都是非常有效的帮助我们标定 research gap（研究间隙）的工具。比如，所有方法都寄生于某种本体论偏好，而熟悉这种偏好即可对既有研究发表批判。再次强调，文献综述不仅仅是罗列，而且是评价；不仅仅是评价，而且是发现既有研究的不足——也就是 research gap。那种沦为修辞的评价——某研究不足、不够全面、不够系统、不够深入、不够规范的所谓评价和没有评价区别不大。

我们强调文献综述的要求与强调论文选题宜小不宜大，乃至后文提到的引证规范，都是为了学术共同体能够更为有效地产生协同。文献综述需要清晰地标定现有研究的不足（research gap），通过标定这种不足，从而标定学术增量发生的可能性，从而使得这个研究一方面连接了学术界的既有研究，另一方面又创造了新知。在这个意义上，文献综述是学术共同体发生协同的"规范动作"，我们通过这种"规范动作"而发生跨越时间、跨越地域、跨越学科、跨越语言的协作。如果这种文献综述描述不足，不够规范，那么，学术协作将很难发

---

[1] 何海波："多数主义的法院：美国联邦最高法院司法审查的性质"，《法学论文写作》，北京：北京大学出版社 2014 年版，第 202—203 页。引证已省略，着重号为笔者添加。

生,或者效率低下。如果读者需要寻找、定位、阅读、理解,然后自己判断你的文字中哪些是既有的知识存量,哪些是可能的知识增量,每一篇文字如果都需要读者自己去重新梳理和发掘,而没有规范的"八股"来降低这种协作的成本,我们学术协同和新知创造的效率都将大大降低。在协作的意义上理解学术规范的相关要求,才能理解它们超越"八股",超越形式规范的整体意义。也是同样的原因,当一篇文章题目太大,我们也就无法期待作者有所创新,因为涉及的问题太多,关注的面向过广,到处浅尝辄止,便使得那种"伤其十指不如断其一指"的突破变得模糊,也使得读者找到这种突破的成本大大增加。当你不注释时,这不仅仅是一个道德问题,也是个协同问题、伦理问题,不注释会使得我们不知道文章哪里是旧文,哪里是新知,而需要阅读者逐个甄别,这使得学术协作的难度提高,效能下降。

一个题内的题外话:如果你在进行英文写作,以下这个表格中的词可以比较明确地表达引证作者观点和态度时的不同程度:

作者中立	作者暗示	作者的立场	作者反对	作者同意
comments	analyzes	contents	disparages	admits
describes	assesses	defends	bemoans	concedes
illustrates	concludes	holds	complains	concurs
notes	finds	maintains	deplores	grants
observes	predicts	insists	laments	agrees
points out	speculates	disputes	warns	states

第三个提示的要点是方法论。在这里想特别提示方法论部分的写作的核心是缝合（tailor），我们需要将研究主题与特定的研究方法连接起来。成功的研究不会遵守一般的标准。正如费耶阿本德在其后现代名著《反对方法》一书中所言：

> 成功的研究不会遵循一般的标准，它此时依赖此法，彼时使用彼法；那些有助于研究的方法间的移动，以及界定何为智识进步的定义标准常常不为研究者有意察觉（known）……一个由科学理论设计而存的方法或结构性要素，要求适用于所有科学活动，并将之视为权威的"理性"（reason）或"合理"（rationality）（的状态），可能会让科学的外行人印象深刻——但它对当事人，即那些面对具体问题的科学家而言，是非常粗糙的。[1]

所有的方法论的过程都是可以移动的，但都需要缝纫，需要在论域切割的意义上先界定论域，把论域变成有效的主题，在主题的基础上选择方法论。方法与主题是互动的关系，好的方法论要能够解释研究方法与研究问题的关系。我们在写方法的时候，需要给方法一个定义与描述，然后具体地说明研究特定的问题与选择这个

---

[1] Paul Feyerabend, *Against Method* (London; New York: Verso, 1993, 3rd ed), p. 1.

方法的关系。仅仅罗列"本文将使用比较的方法"是没有意义的，如果是比较研究，你至少应该在文章的方法论部分有序地回答三个关键问题：第一，什么是本文意义上的比较和比较研究，从而解释清楚本研究将如何比较；第二，为什么这篇文章需要用比较研究，即比较研究和本研究的研究主题到底具有何种相关关系；第三，本研究将比较什么，为什么要比较这些对象而不是其他。

第二十八章 引证问题

最后,我们要强调一下学术规范问题,主要从注释规范和学术伦理两方面加以说明。

我们先说注释规范。无论在什么时代都会有无数学者在学术世界里孜孜不倦地耕耘,后人站在前人打下的学术基础上,或是深入钻研,或是另辟天地,其学术成果发表成论文给社会带来总体知识的积累和进步。所以,我们应该理解知识创造是一个群体协同的复杂过程,在此过程中,为了凸显新知与旧识的差别,必然需要将来自他人的既有的学术成果标记出来,于是就有了注释。某种程度上来说,严苛的注释规则保护的是学术共同体的共生秩序，如是，才可能更有效能地推动知识创新和累进。如果文本对注释不做标注，则意味着读者——很多是那些想要基于既有研究而拓展新知，介入学术协作网络的人，将不得不花费大量的精力去判断哪些知识是存量，哪些是增量。如果每个读者都需要自行分辨，学术创造的效能将大大降低。强调这一点非常重要，没有这一点，便会将引证问题单纯理解为一个日常道德问题（moral issue），即不盗取别人的思想和创见——这是正确的，也是必要的，因为所有学术成果值得被后来的研究者认真尊重，而不是思想窃取。但问题是，如果仅仅基于这样一个日常道德的面向，那这将使得学术伦理（ethics）丢失其作为职业伦理的维度与意义，除了注释引证以外的一些学术规范问题，日常道德将难以解释其必要性。所以，促进有效协同与不窃取知识，至少是为什么需要引注的两个并行的、同样重要的原因。

此外，除了学术协同的要求与尊重知识产权的基本要求，规范注释的存在也方便了读者检索。再有，规范的引注也是为了显示作者的知识储备，证明了作者的理论并非空穴来风。注释也可以给论证提供有效论据，使得整个论证过程更有条理，令人信服，显示作者的知识与专业积累。例如有学者就坦率地指出：

> 一般状况下，SSCI 期刊上，都会详细罗列说

明该刊的投稿须知与刊登原则,通常所有的SSCI期刊,都会强调它们欢迎"高研究水平"的论文,然而,"研究水平"是怎样被体现出来而可以衡量的呢?其中,在论文中展现作者曾大量阅读文献,面面俱到,就是一个重要的"讯号"传递给该刊主编及未来可能的审查人。[1]

那么,什么地方需要注释?我们来看一下普林斯顿大学的要求,其基本原则是事实不一定需要引证,而观点一定需要。具体来讲有五个方面:第一,直接引用:所有逐字引用需要引证,如果超过三行,一般有特殊的字体与格式要求。第二,间接引用:同义转述了他人的观念和表达需要引证。间接引用是转述别人原文的观念,需要改变字词,变动表达的句子结构。第三,梳理整合:简要概括了他人的观念需要引证,且作者新的概述应该比原文短小。第四,事实、信息、数据:用于支持自己论点的资料,众所周知的信息和常识除外。第五,是一个兜底的原则——

"Even more fundamental, however, is this general rule: when in doubt, cite."

基本上,按照通用规则:当你质疑是否需要引用的

---

[1] 吴齐殷:"如何投稿 SSCI",http://blog.sina.com.cn/s/blog_524f2f6b0100furq.html,2018年4月10日访问。

时候，就引用它。即使没必要引用时依旧引用了，可以确保万无一失。

这里有必要说明的是"注"与"释"的差别。引注是援引别人的观点，需要引证。而如果作者是为读者提供更多相关信息；或者为了避免正文叙述紊乱而在注释中对重要问题予以交代，这其实是注释中"释"的部分，"释"在文本中也会用脚注的形式加以标注，例如下文：

Mediation in China[1]

Actually speaking, the influence from politics to law is not a new phenomenon in modern China's history under the CCP's governance[2]. Court mediation used to be a strategy creatively developed by the Communists in "liberated areas" (jiefangqu, 解放区) to solve disputes and realize social mobilization for political ends[3]. After the

---

[1] For the research on the history of mediation before the establishment of the PRC, see eg., Chen Goh Bee, *Law without Lawyers*, *Justice without Courts—On Traditional Chinese Mediation* (Aldershot, Hampshire, England; Burlington, VT: Ashgate, 2002) and Philip C. C. Huang, "Court Mediation in China, Past and Present" (2006) 32 (3) *Modern China*.

[2] See Zhu Suli, "The Party and the Courts", in Randall Peerenboom ed., *Judicial Independence in China: Lessons for Global Rule of Law Promotion* (Cambridge; New York: Cambridge University Press, 2010), pp. 52-68.

[3] Jerome Alan Cohen, "Chinese Mediation on the Eve of Modernization" (1966) 54 *California Law Review*.

establishment of the People's Republic of China, the function of mediation was inherited[1].

例如上文,第 1 个引注就是"释"而不是"注"。作者对调解历史的叙述是从 1949 年开始的,所以如果在这个标题下叙述中华人民共和国成立之前的中国传统社会的调解实践或文化便会显得偏离主题,但为了帮助读者更好地理解相关背景,遂在引注中说明了如果需要了解中华人民共和国成立之前的调解,可以参考和阅读的文献,以帮助读者更好地寻找资料,以及在更为丰富的历史脉络中理解正文。

我们在这里设计了一个小练习,下面是一些例子,大家可以自行判断一下这句话是否需要引证。在例子后面,我们将说明答案。

  1. 中国是世界第一人口大国。

  2. 除了域内人口,中国在近些年向发达国家输出的移民人数持续增长,这也成为了一个显著的社会现象。

  3. 于是在很多人的观念中,中国似乎只是一个移民净输出国,然而,这不是事实,因为中国同时"正在快速地变为国际移民的目的地"。

---

[1] Philip C. C. Huang, "Divorce Law Practices and the Origins, Myths and Realities of Judicial 'Mediation' in China"(2005) 31 *Modern China*.

4. 由于种种原因，在中国的西南边境，云南，大量的外来人口，包括来自缅甸、老挝和越南的合法移民、非法移民与难民长期生活在那里。故此，边境管控成为了一个愈发棘手的问题，尤其是在中缅边境。

5. 在 2009 年陆续发生的诸如果敢、克钦与缅甸政府的战争中，有报道指出："战争已经给中国带来了一系列的问题。人们担心战争会引发大规模的难民潮，难民会跨过边境，进入云南境内。"

6. 根据云南省政府的官方统计，在 2013 年，大约有 1 000 到 3 000 名难民在不同的时期生活在云南西南边境，这个数字在 2009 年曾被估计达到了 37 000 人，在其中还混杂了在云南搜寻和劝说难民返乡的缅方士兵。

7. 这些逐步进入中国公众视野的边境不安现象，使得公众与学术界开始重视存在于西南边陲的边境移、难民问题，并开始关注来自缅甸的移、难民对中国边境地区国家安全和公共治理可能带来的冲击与影响。

答案：

1. 众所周知的客观事实不需要注释。

2. 众所周知的事实不需要引证观点，若犹豫，可引证。

3. 直接引用，需要注释。

4. 如果犹豫是不是客观事实，需要注释。

5. 直接引用需要注释。

6. 需要注明数据具体来源，需要引证。

7. 作者自己的结论概括，不需要注释。

关于引证，我们再说明几点：

第一，由于学科存在差异，学术成果的受众也千差万别，在不同时代，人们对不同概念的理解也不尽相同，因此一句话、一个概念、一个观点，在身处不同领域或时代的人看来可能就意义不同，甚至是那些现在看来"众所周知"的知识，在不同人的理解中也会出现偏差。所以是否需要引证，需要考虑学科与受众的特质。例如，中文学术论文的引证要求比起英文学术论文的引证要求相对就简单很多。中文期刊通常会要求"引注以必要为限"，但英文则不同，其标准为"If doubt, site"。在中英文学术期刊均发表论文的学者对这一点的感受会非常明显。例如，何海波老师就曾提及他的论文，学术界认为"引注做得很扎实"，而实务界的读者则会质问"要那么多注释干吗"。一篇文章注释上百，在中文学术期刊看来注释过多需要删减；而在西方学术刊物看来可能还略显不足，需要补充。[1]

第二，不同中英文期刊的注释体例是不同的，具体的注释体例可以通过互联网在期刊的网站上查找到。中国内地中文社科期刊中比较常见的注释体例可以参考《中国社会科学》及其官方的网站：

http://www.cssn.cn/ts/ts_bdhd/201310/t20131029_753132.shtml.

一般来讲，我国内地中文期刊的注释体例相对简单，多数情况只需找到你计划提交论文的刊物，查找发表过的文章，研究其注释体例，即可解决大部分注释体例问题。而西方刊物的注释标准往往比较复杂，注释的体例、字体、标点、顺序都随期刊以及引注素材的不同而不同。例如亨廷顿教授的名著《文明的冲突与世界秩序的重建》，同一本书按照不同标准，注释格式有所不同：

《美国心理协会出版手册：论文写作格式》/ *Publication manual of the American Psychological Association* / （APA，第6版）：

Huntington. S. P. （1996）. *The clash of civilizations and the remaking of world order*. New York: Simon &

---

[1] 何海波：《法学论文写作》，北京：北京大学出版社2014年版，第227页。

Schuster.

《芝加哥注释手册》/ *The Chicago manual of style*（Chicago，第 15 版）：

Huntington，Samuel P. 1996. *The clash of civilizations and the remaking of world order*. New York：Simon & Schuster.

《哈佛蓝皮书》/ *The Bluebook：a uniform system of citation*（Harvard，第 18 版）：

HUNTINGTON，S. P. （1996）. *The clash of civilizations and the remaking of world order*. New York. Simon & Schuster.

《MLA 手册》/ *MLA handbook for writers of research papers*（MLA，第 7 版）：

Huntington，Samuel P. *The Clash of Civilizations and the Remaking of World Order*. New York：Simon & Schuster，1996. Print.

如果你需要进行英文写作，或者需要规范地引用英文文献，香港大学的图书馆的检索系统可以直接为你提供常见的不同的注释体例。

你需要首先进入香港大学图书馆网站：

https：//julac. hosted. exlibrisgroup. com/primo-explore/search？vid＝HKU

假如我们需要寻找《文明的冲突》一书，我们输入"clash of civilizations and the remaking of world order"（《文明的冲突与世界秩序的重建》一书）就会出现以下页面：

点进亨廷顿教授的这本书后会看见"citation"选项，点击该选项后就会出现如下页面：

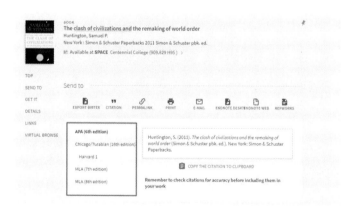

在方框里我们可以看到不同的注释体，选择想要的，并在旁边的白色区域内进行复制粘贴即可。

除了以上几种要求，英文世界的法律期刊，其注释要求也比较复杂。在普通法法域，例如澳大利亚，他们的法学刊物则会使用 *Australian Guide to Legal Citation*，如有需要，你可以通过下面的链接下载该书的电子版本：

http：//www. law. unimelb. edu. au/files/dmfile/FinalOnlinePDF-2012Reprint. pdf.

而在中国香港，《香港法律评论》(*Hong Kong Law Journal*)则又有自己的注释规范：

http：//www. law. hku. hk/hklj/house-style. php.

这些期刊的注释体例中，最复杂的是北美的法学刊物遵循的 *Bluebook*，其注释体例的内容细碎繁多，规范致密复杂，可以出版为一本较厚的书。关于美国法学期刊的注释体例的介绍，也可以参考乔治城大学法学院的网站和简短的视频课程说明，以及 *Bluebook* 的目录：

http：//www. law. georgetown. edu/library/research/bluebook/.

Preface(前言)

The Bluepages：an introduction to basic legal citation(法律的注释体例的基本介绍)

Rules(相关规则)

Rule 1. Structure and use of citations(引文的格式与用法)

Rule 2. Typefaces for law reviews(法律综述的字体)

Rule 3. Subdivisions(如何细分)

Rule 4. Short citation forms(内容较少时的引用形式)

Rule 5. Quotations(引证规范)

Rule 6. Abbreviations, numerals and symbols(缩写、数字与符号的引用)

Rule 7. Italicization for style and in certain unique circumstances(在特定场合下斜体字的应用)

Rule 8. Capitalization(大写的应用)

Rule 9. Title of judges, officials and terms of court(法官、官员的头衔以及法院的特定术语)

Rule 10. Cases(引用案例)

Rule 11. Constitutions(引用宪法)

Rule 12. Statutes(引用成文法规)

Rule 13. Legislative materials(引用立法资料)

Rule 14. Administrative and executive materials(引用行政与管理的资料)

Rule 15. Books reports and other nonperiodic materials(引用书本、报道以及其余非杂志类型的资料)

Rule 16. Periodical materials(引用杂志类型的资料)

Rule 17. Unpublished and forthcoming sources(引用未曾发表或即将发表的材料)

Rule 18. Electronic media and other nonprint resources(引用电子或非印刷型资源)

Rule 19. Services(引用服务条款)

Rule 20. Foreign materials(引用外国材料)

Rule 21. International materials(引用国际材料)

Tables(相关表格)

Table 1. United States jurisdictions(美国的法域)

Table 2. Foreign jurisdictions(国外的法域)

Table 3. Intergovernmental organizations(政府间机构)

Table 4. Treaty sources(条约的来源)

Table 5. Arbitral reporters(仲裁的报告)

Table 6. Case names and institutional authors in citations(案件的名称和相关机构作者的引文)

Table 7. Court names(法院的名称)

Table 8. Explanatory phrases(解释性的短语)

Table 9. Legislative documents(与立法相关的文件)

Table 10. Geographical terms(地理的专用术语)

Table 11. Judges and officials(法官与相关官员)

Table 12. Months(月份)

Table 13. Periodicals(期刊)

Table 14. Publishing terms(引证出版物时的相关术语)

Table 15. Services(相关服务)

Table 16. Subdivisions(细分规则)

Index(索引)

此外，即使我们只在中文刊物发表论文，了解一些西方的引注规范也是必要的。因为中文期刊的引注体例相较而言比较简单，很多非常见资料并没有设定引注规范，例如，引用访谈、会议论文、纪要、Email、视听资料等内容时，往往中文的引注规范对这些相对少见的资料如何引证没有做出规定。此时我们就可以参考西方学术规范中的相关要求。我们援引 *Australian Guide to Legal Citation* 中关于如何引用视听资料的部分为大家例举说明，下面这个实例展示了电影片段应该如何规范引用：

6.7 Films and Audiovisual Recordings

Rule

Films and other audiovisual recordings should be cited as follows:

Title (Directed by Name of Director). Studio/Production Company, Year, Pinpoint.

The name of the studio or production company should adhere to rule 5.3.1. Where there are multiple studios or companies, only the first-named studio or company should be included.

Pinpoint references should be to a point in time in the recording, and should appear (depending on the accuracy desired) in the format:

Hours : Minutes : Seconds.

最后，现代文档的处理系统也让我们可以安装诸如 EndNote 之类的注释软件，这将大大方便注释的使用和处理。EndNote 是一个对写论文时做注释非常有帮助的软件，在写论文时将需要引注的书籍信息添加进去，选定和编辑需要的常规格式，就能做到非常方便地以某种特殊格式做编辑、标记，完成注释了。很多大学的图书馆都购买了 EndNote 这类常用注释软件的版权，同学老师可以到自己大学的图书馆系统中查找，并安装下载。

第二十九章 剽窃问题

谈到学术规范,一个最常涉及的问题就是剽窃。剽窃的英文为 plagiarism,牛津大学对剽窃的定义是:

> Plagiarism is presenting someone else's work or ideas as your own, with or without their consent, by incorporating it into your work without full acknowledgement. All published and unpublished material, whether in manuscript, printed or electronic form, is covered under this definition. Plagiarism may be intentional or reckless, or unintentional. Under the regulations for examinations, intentional or reckless plagiarism is a

disciplinary offence.[1]

（译文：剽窃，就是把别人的作品或思想当作自己的使用、未充分注明出处就在自己作品中发表的行为。所有已出版或未出版的材料，无论以手稿、印刷还是电子形式，都适用抄袭的定义。抄袭的认定和是否经过原作者的使用允许、和当事人的抄袭行为是有意、疏忽或出于无心，都没有关系。在考试规章中，有意或者无意的抄袭都属于违反纪律。）

不同的大学或研究机构会对其有不同的定义。但核心的意涵都是指一个人将别人的思想成果据为己有。这里所说的成果应该被广义地理解，即包括了不同载体形态的成果。很多大学会对剽窃者施以严厉的惩罚，在一些国家和地区，剽窃还是违反国家法律的违法行为。如果直接援引他人而未加注明，或直接援引原文但没有用直接引语方式注明，这毫无疑问是剽窃。但除此之外，还有一些比较间接的剽窃需要我们认真判断。我们下面引用墨尔本大学法学院关于剽窃的例子予以说明[2]：

---

[1] Plagiarism，参见 https：//www.ox.ac.uk/students/academic/guidance/skills/plagiarism？wssl=1，2018 年 4 月 2 日访问。
[2] "Plagiarism：What It is and How to Avoid It"，参见 http：//www.law.unimelb.edu.au/files/dmfile/plagiarism-what-it-is.pdf，2014 年 12 月 13 日访问。

- Original text:

Patrick Parkinson, *Tradition and Change in Australian Law* (2nd ed, 2001), p. 6.

> A third feature of Australian law is that its legal institutions and traditions are monocultural in character, reflecting its English origins. In other countries, British colonial policy did make room for some local customs and cultural values within its legal system, especially in regard to marriage and family relations. It allowed the possibility that different laws could apply to the different ethnic groups within the one polity. Even in New Zealand, the white settlers made a treaty with the Maori, known as the Treaty of Waitangi in 1840, which provided at least some recognition then that the Maori people had certain entitlements within the overall framework of British sovereignty.

- Plagiarised version:

> Australian legal institutions and traditions reflect their English origins and are monocultural in character. British colonial policy allowed for some local customs and values to be incorporated within the legal system but this did not happen in Australia. In other countries, local customs relating to marriage and family were recognized and different laws could apply to different ethnic groups within the one polity. In New Zealand, for

example, the Treaty of Waitangi (1840) provided some recognition of the Maori people and their entitlements within the overall framework of British sovereignty[1].

[1] Patrick Parkinson, *Tradition and Change in Australian Law* (2nd ed, 2001) p. 6.

在这里我们就可以看出，有引注不意味着不是剽窃。上述示例中作者较多地引用了原文，但只在文段的最后进行注释。其中很多内容，会使得读者产生误解——因为读者无法判断，到底从什么地方开始才是作者的观点，亦无法判断，这里的"引注1"所标记的对Patrick原有研究的参考，到底是从什么地方开始的。规范的引证示例如下：

- Appropriate paraphrase and citation：

When the English legal system was imposed in British colonies, the degree of recognition afforded to local customs and traditions varied significantly[1]. On the one hand, some countries adopted a degree of pluralism in their legal systems—while they reproduced the framework of British sovereignty, they recognized local customs and values, particularly with respect to family relations and treatment of ethnic groups[2]. In New Zealand, a treaty was even negotiated between the white settlers and the Maori people (Treaty of Waitangi 1840), acknowledging that the indigenous owners had certain limited entitlements[3]. By contrast, in Australia, a 'monocultural' English legal system was instituted[4], which gave no recognition to Aboriginal peoples or their customary laws.

1 Patrick Parkinson, *Tradition and Change in Australian Law* (2nd ed, 2001) p. 6.

2 *Ibid*.

3 *Ibid*.

4 *Ibid*.

第三十章 学术伦理

　　学术伦理会涉及道德问题,如伪造数据、修改数据、将他人思想占为己有,等等。从这个意义上,学术伦理与日常道德确实存在重叠。对于研究伦理,在学术界已经有一些重要的国际共识,例如,2010年7月21—24日在新加坡举行的第二届世界科研诚信大会制定了《科研诚信新加坡声明》,意在提供一个负责任科研行为的全球性指南。该声明不是约束性文件,也不代表资助和(或)参与本次大会的国家和组织的官方政策,但这份文件确实较为清楚地表达了国际学术界对学术伦理的要求与价值期待。

科研诚信新加坡声明[1]

前 言

科学研究的价值和益处完全取决于研究是否诚信。尽管科研工作的组织与实施方式在不同国家和不同学科领域可能存在也确实存在差异,但仍有一些无论研究在何处进行,对研究的诚信都十分重要的原则和职业责任。

原 则

在研究的所有方面都要诚实

在进行研究时负责任

在与他人工作时保持专业的姿态与公平

为了其他各方的利益对研究进行有益的监督

责 任

1. 诚信:科研人员应对其研究的可信性负责。

---

[1]《科研诚信新加坡声明》的中文译本,参见 http://singaporestatement.org/Translations/SS_Chinese_CSB.pdf,原文可以参见 http://singaporestatement.org/,2014年12月13日。除此以外,各个大学和研究机构会对学术伦理提出具体要求,例如香港大学关于研究诚信的相关要求,参见 http://www.rss.hku.hk/integrity/rcr;内地大学在学术规范上的规定相对比较简单,例如复旦大学的学术规范,参见 http://www.acad.fudan.edu.cn/08/08/c4693a67592/page.htm。

2. 遵守规章制度：科研人员应当了解并遵守科研相关的规定和政策。

3. 研究方法：科研人员应当采用适当的研究方法，基于对证据的批判性分析得出结论，并全面而客观地报告结果和进行解释说明。

4. 研究记录：科研人员应当以能够使他人借以验证和重复其工作的方式对所有研究进行清楚、准确的记录。

5. 研究结果：科研人员在有机会确立其优先权和所有权后，应当立即公开而迅速地共享数据和结果。

6. 署名权：科研人员应当对其在所有出版物、资助申请书、研究报告和其他关于研究介绍材料中的贡献负责。在作者名单中应当包括所有且仅是那些符合适当的署名条件的人员。

7. 公开致谢：科研人员应当在出版物中说明那些对研究做出重要贡献，但又不符合署名条件者的姓名及其作用以表示感谢，包括执笔者、资助者、赞助者和其他人员。

8. 同行评议：科研人员在评估他人工作时，应当给予公正、及时而缜密的评价，并尊重保密性。

9. 利益冲突：科研人员应当披露有可能损害其在立项申请、发表作品、公共传播以及所有评审活动中可信性的财务与其他方面的利益冲突。

10. 公共传播：科研人员在参与有关研究结果的应用与重要性的公开讨论时，应当只限发表在自己公认的专长范围内的专业评论，并明确区分专业评论与基于个人看法的主张。

11. 举报不负责任的研究行为：科研人员应当向适当的主管部门举报任何涉嫌的科研不端行为，包括伪造、篡改或剽窃，以及其他危害研究可信性的不负责任的研究行为，如粗心大意，不适当地列出作者姓名、瞒报相互矛盾的数据，或采用会产生误导的分析方法。

12. 处理不负责任的研究行为：承担科研相关工作的研究机构以及学术期刊、专业组织和机构，应当有处理关于不端行为和其他不负责任研究行为举报以及保护有关行为的善意举报人的程序。当不端行为或其他不负责任的研究行为得到证实，应当迅速采取适当措施，包括纠正研究记录。

13. 科研环境：科研机构应当通过教育、制定明确的政策以及合理的晋升标准等方式，营造与保持鼓励诚信的环境，并培育支持科研诚信的工作氛围。

14. 社会考量：科研人员和科研机构应当意识到自己负有权衡社会利益与其工作中固有风险的伦

理责任。

如果你仔细阅读《科研诚信新加坡声明》，你会发现关于研究伦理确实有两种类型的规范要求。第一是道德性，而第二是伦理性。关于道德性的部分，在一些警示研究者尊重研究伦理的案例读本中，我们会读到类似案例：

> 2006年，美国的一些民权人士掀起了声势浩大的"赔偿运动"，即向黑人奴隶后代赔偿的浪潮。一时间，一些美国教堂不仅就过去曾经参与的贩卖奴隶行为道歉，还有人正在考虑向黑人教会成员进行赔偿。不仅是教堂，美国的一些州和城市还通过规定，要求本地的工商企业公布自己历史上同奴隶制度的联系。这些城市包括芝加哥、底特律和奥克兰等。一些法庭还受理了类似的赔偿诉讼，并得到国际人权组织的关注。然而数年前，"赔偿运动"只有少数边缘性组织参加，影响也不大，但是在学者和律师的推动下，已发展成一场进入美国主流社会的运动，而这场"赔偿运动"的主要发起人之一就是哈佛大学法律学院黑人教授查尔斯·奥格莱特里（Charles Ogletree）。奥格莱特里不仅领导了这场"正越来越受到关注、同历史上的赔偿和维权运动相比在21世纪里更具有活力"的民权运动，并且作为一个学者，奥格莱特里学术功底深厚，无论

在教学、学术研究方面，均极为出众，是美国社会十分著名的法律顾问。尤其是他学术成果丰硕，出版了诸多既有质量又有分量的名著，在美国法学界与当代美国社会颇具影响，使其成为哈佛大学法学院备受尊崇的学者、终身教授。

然而，就是这样一位在学术界与社会上受人尊重的学者竟然也曝出了学术丑闻。有人发现在奥格莱特里已出版的一本有三百八十多页的著作中，有6大段竟然与耶鲁大学法学教授巴尔金的作品几乎一字不差。这一学术抄袭事件震动了整个学界与社会，惊奇议论、评析在媒体与学刊中比比皆是。

事发后，奥格莱特里立即在网上发出道歉信，并解释说，他犯了一个"无心的"错误。当时，因为自己工作十分繁忙，而又赶着要交书稿，在不得已的情况下，请两位研究助理协助他整理书稿。这两位研究助理就把巴尔金的文章插入了他的草稿，但是忘了加引号并注明出处，就此酿成抄袭事件。奥格莱特里说，自己已经通知了书商，在所有未售出的书中夹一页说明信。

哈佛校方经征询与调查，宣称已对奥格莱特里按校规进行了惩罚，不过哈佛校方并没有就惩罚的具体内容做出说明。法学院院长也在公开场合批评奥格莱特里犯了严重的学术错误，并强调学术品德是哈佛法学院的治学之本。对哈佛校院方的决定,校内师生议论纷纷。许多学者建议校方撤销奥格莱特里终身教授的待遇。他们认为,当学术规范遭到侵犯时,不管是学生还是教师,后果同样严重。但由于哈佛以前极少发生教授抄袭事件,哈佛目前对这种行为还没有明文规定。哈佛校刊主任编辑斯特洛姆伯格称,奥格莱特里是明星教授,是哈佛法学院的巨大财富,被开除的可能性不大。有的学者则认为:奥格莱特里的公开道歉实际上已经是很大的耻辱,比起任何给予学生的惩罚都要严重。奥格莱特里教授的行为同样也引发了哈佛学生的不满。一直以来,哈佛都对学生抄袭管得很严,如果被发现有抄袭行为,学生该学期的所有成绩作废,甚至被开除。2005年哈佛就有6个学生因为抄袭而被迫退学。因此哈佛学生认为,抄袭的教授应该和学生一样接受严厉惩罚。

哈佛师生的议论并未使哈佛校院方对奥格莱特里的处罚有明显改变,师生无奈,只能拭目以待。[1]

上面这个案例,大家一看就知道是违反了学术伦理,这种情况是我们普遍所认为的涉及违反学术伦理的情形,因为它和日常道德的基本判断一致。但学术伦理

---

[1] 复旦大学研究生院:《研究生学术道德案例教育读本》,上海:复旦大学出版社2016年版,第40—41页。

作为"伦理"一面的特殊意义在其中并没有被揭示出来。我们看看下面一则案例:

> Liu is confused and scared. This morning his supervisor called him into her office and gave him a stern talking to. Apparently, he did need to fill out the human participants for research form. His supervisor has said some very frightening things to him—perhaps he may not be allowed to continue his study, perhaps he may not be able to use the data he has already collected, and that he may be subject to disciplinary action by the university! All he wanted to do is to speak with local teachers about their science education backgrounds and video-record their demonstration of a basic science experiment for their classrooms. When he was a secondary school teacher, a number of researchers came to his classroom and he did not recall any of them giving him a consent form or indicating that any university body had approved their research. Why did he need to do this now if others could have researched him in the past without going through such a cumbersome process? [1]
>
> (译文:刘同学既害怕又不知所措。当天早上,他的学术导师把他叫到办公室,给他一顿狠批。他

---

[1] Sara R. Jordan, *Research Integrity: A Guide for Research Postgraduate Students at the University of Hong Kong Graduate School* (2011) the University of Hong Kong, p. 12.

在之前忘了填写研究表格上的研究参与志愿者名单。学术监督告诉他，这个遗漏可能会使他无法继续项目、无法继续使用他已经搜集的数据，甚至可能会让学校给他纪律处分！他只是想在研究中跟当地老师谈谈他们的科学教育背景，以及给他们的基础教室科学实验展示录个像。当他也是中学老师的时候，一些研究者到他的课上，他也不记得那些研究者征得了他的书面同意或者说明大学部门同意了他们的研究啊！既然别人对他进行研究时没有进行如此繁琐的程序，他又为什么必须这么做呢？)

上面这个案例才是涉及伦理，因为这个案例涉及了学术协同的基础规则，这个部分有时与日常道德不完全一样。对学术伦理的建立是因为第二次世界大战的惨痛经历，很多以科学之名实施的对人的戕害，因科学而获得了正当化的理由。这样一些反人道行为在战后被国际条约和规范性文件加以规制，同时也被很多国内法禁止，例如《纽伦堡法案》（Nuremberg Code，1949），美国的《贝尔蒙报告》（Belmont Report，1979）和规范医学研究的《赫尔辛基宣言》（Declaration of Helsinki，2004），此类例子不一而足。这些国际共识促使学术界对学术伦理的内涵不断强化其"人"的面向，即要求学术研究必须逼近和照顾到具体的人，并对具体的人的价值能够有足够的尊重。一些总的原则诸如"无伤害原则"等被这些学术规范性文件确定下来。所以学术伦理是一套内行规约、一套程序规则，甚至是一套法律制度。其中有与日常道德重叠的部分，也有并不完全重叠的部分。

因此，凡是在涉及与人相关的研究时，我们需要判断：第一，研究是否接触人？是否有实验和临床？第二，如果没有接触人，那便按照一般人文社科研究的要求进行研究；如果涉及动物，又会有一种专门的标准。第三，学术的伦理风险评估：采访多少人、要做多少时间、数据实名还是匿名。第四，建立学术伦理的标准并做好风险评估后，要经学院、学校批准，才可以做经验研究，否则所有数据都无效。在这个领域，中国内地的学术研究还有较长的路要走。举一个著名的例子：有一位北京大学政治学博士曾基于田野调查，发表了一本调查基层官场样态的博士论文《中县干部》，在当时2011年的中国造成了很大的舆论风波。研究者以挂职锻炼的身份进入具体田野，与基层干部一起工作生活，形成了典型的田野浸泡。[1]但在论文写作时，即使研究者声称对人名和地名"按照学术惯例进行了技术处理"[2]，可是同时又吐露了许多真实在地信息，比如这个中部农

---

[1] 冯军旗：《中县干部》，北京大学博士研究生学位论文，2010年6月，绪论。
[2] 同上。

业县的面积、人口、财政收入支出等,[1]因此读者仍然可以轻易判断出是哪一个县,所以事实上研究者的匿名努力没有成功。

这就导致后来该研究被《中国青年报》《南方周末》纷纷报道时,网民就通过比对、搜索研究者简历的方式,将"中县"准确定位出来,连着把里面提到的丑闻都一一对号入座,这造成了很糟糕的影响。注意:论文不是新闻报道,所以两个专业群体有完全不同的伦理操守。对于学术研究而言,如果隐秘信息的曝光会对研究对象产生明显的伤害,这种伤害就严重地违背了"无伤害原则"这一最基础的研究伦理。而这样违反研究伦理的著作出版,会给未来的学者们进入基层社会、政府组织完成田野调查,增加难以估计的难度和负担。所以遵守研究伦理,既是对你的研究对象的充分责任,也是对未来同领域的同事们的充分责任。媒体可以曝光,但学者不可以,否则就破坏了整体性的学术共同体和研究对象之间的互信,给后面的学者增加障碍——记住,学术伦理是一个职业要求,它需要在职业整体的视野分析某种行为到底是否影响了职业协同和职业价值的实现,如果存在负面影响,这个做法就很可能违背学术伦理。

故此,当研究者从事的社科研究涉及人,例如我们

---

[1] 南方周末特约撰稿:中县"政治家族"现象调查,http://www.infzm.com/content/62798,2018年4月5日访问。

在上面一个案例中遇到的涉及人的访谈，作为学术规范，这样的研究在发生之前应该报请学术委员会审查，并对研究可能对当事人及社会造成的风险进行评估。在香港大学，任何访谈、调查、问卷、抽样都必须在学术审查完成之后才可以开展。在学术伦理评估的申请被学术伦理委员会被批准后，研究者会收到正式的批准信，之后研究者才能开展研究。但在与受访者接触时，还需要获得受访人书面的同意书。这里还需要注意：受访人分为成年人、学生、儿童，签署同意书的要求会略有差别。

后文我们附上了香港大学非医学院进行涉及人的研究时的学术伦理审查申请表，以及一些需要获得受访人同意的授权书的样本。在一些特定的情况下，诸如需要特别进行报名，或访谈形式特殊（例如通过电话进行），这些不同的授权书样本也可以在港大网站上下载[1]。

---

[1] The University of Hong Kong Human Research Ethics Committee Application Form Ethical Approval，参见 http://www.rss.hku.hk/HREC/ethical-approval-application form.doc，2019 年 6 月 15 日访问。

参考文献

中文参考文献

[美]爱德华·威尔逊:《知识大融通:21世纪的科学与人文》,梁锦鋆译,北京:中信出版社2016年版。

[英]安东尼·吉登斯:《社会学》(第五版),李康译,北京:北京大学出版社2009年。

[美]安杰洛·基尼齐、布莱恩·威廉姆斯:《认识管理:管什么和怎么管的艺术》,刘平青译,北京:世界图书出版公司2013年版。

[法]贝纳尔·勒谢尔博尼埃:《合法杀人家族——巴黎刽子手世家传奇》,郭二民编译,北京:生活·读书·新知三联书店1992年版。

[意]贝卡利亚:《论犯罪与刑罚》,黄风译,北京:中国法制出版社2002年版。

[美]彼得·迈尔斯、尚恩·尼克斯:《高效演讲》,长春:吉林出版集团有限公司2013年版。

采铜:《精进:如何成为一个很厉害的人》,南京:江苏凤凰文艺出版社2016年版。

陈瑞华:《论法学研究方法》,北京:法律出版社2017年版。

陈俊珺:"'看不懂'的当代艺术,究竟有何奥秘",参见 http://www.artsbj.com/show-181-532014-1.html,2019年8月20日访问。

邓正来:《三一集:邓正来学术文化随笔》,北京:中国政法大学出版社2012年版。

[加]董毓:"批判性思维三大误解辨析",《高等教育研究》,2012年第11期。

[加]董毓:《批判性思维原理与方法——走向新的认知和实践》,北京:高等教育出版社2010年版。

[美]D. Q. 麦克伦尼:《简单的逻辑学》,赵明燕译,杭州:浙江人民出版社2013年版。

杜维明:"儒家的人文精神与文明对话",http://guoxue.ifeng.com/a/20150714/44165292_0.shtml,2018年1月16日访问。

樊登:《可复制的领导力》,北京:中信出版社2018年版。

范愉、李浩:《纠纷解决——理论、制度与技能》,北京:清华大学出版社2010年版。

冯军旗:《中县干部》,北京大学博士研究生学位论文,2010年6月。

复旦大学研究生院:《研究生学术道德案例教育读本》,上海:复旦大学出版社2016年版。

傅佩荣:《傅佩荣细说论语》,上海:上海三联书店2009年版。

甘阳:《通三统》,北京:生活·读书·新知三联书店2007年版。

[美]格里高利·曼昆:《经济学原理:微观经济学分册》(第五版),梁小民、梁砾译,北京:北京大学出版社2009年版。

郭灿金:"唐代名臣魏征的'成功学'标本:谏太宗十思疏",参见 http://news.ifeng.com/history/zhongguogudaishi/detail_2011_07/25/7923176_1.shtml,2018年10月12日访问。

何海波:《法学论文写作》,北京:北京大学出版社2014年版。

胡适:《胡适全集》(第1卷),季羡林主编,合肥:安徽教育出版社2003年版。

金耀基:"人文教育在现代大学中的位序",载《中国大学教学》,2003年第11期。

[美]史蒂芬·柯维:《高效能人士的七个习惯——人际关系篇》,李耘译,长沙:湖南文艺出版社2015年版。

《科研诚信新加坡声明》中文译本,参见 https://wcrif.org/guidance/singapore-statement,2014年12月13日访问。

[美]克利福德·格尔茨:《文化的解释》,纳日碧力戈译,上海:上海人民出版社1999年版。

[美]拉塞尔·L.阿克夫、丹尼尔·格林伯格:《翻转式学习:21世纪学习的革命》,杨彩霞译,北京:中国人民大学出版社2015年版。

李天命:《哲道行者》,北京:中国人民大学出版社2010年版。

李泽厚:《批判哲学的批判——康德述评》,北京:人民出版社1979年版。

凌斌:《法科学生必修课:论文写作与资源检索》,北京:北京大学出版社2013年版。

刘南平:"法学博士论文的'骨髓'和'皮囊'——兼论我国法学研究之流弊",载《中外法学》2000年第1期。

刘瑜："从经典到经验",见 http://rendaliuyu.blog.163.com/blog/static/10983454120105133446570/,2018 年 5 月 21 日访问。

[美] 罗纳德·S.克雷比尔等:《冲突调解的技巧(上册):调解人手册》,魏可钦、何钢译,南京:南京大学出版社 2011 年版。

罗胜强、姜嬿:《管理学问卷调查研究方法》,重庆:重庆大学出版社 2014 年版。

[美] 迈克尔·桑德尔:《公正:该如何做是好?》,朱慧玲译,北京:中信出版社 2011 年版。

毛泽东:《毛泽东选集》(第一卷),北京:人民出版社 1991 年版。

[法] 米歇尔·福柯:《性经验史(第二卷)· 快感的享用》,余碧平译,上海:上海人民出版社 2000 年版。

南方周末特约撰稿:中县"政治家族"现象调查,http://www.infzm.com/content/62798,2018 年 4 月 5 日访问。

彭玉生:"'洋八股'与社会科学规范",载《社会学研究》2010 年第 2 期。

[美] 奇普·希思、丹·希思:《让创意更有黏性——创意直抵人心的六条路径》,姜奕晖译,北京:中信出版社 2014 年版。

[意] 切萨雷·贝卡利亚:《论犯罪与刑罚》,黄风译,北京:中国法制出版社 2002 年版。

[日] 松本道弘:《坐上谈判桌——国际谈判、会议、商谈致胜的辩论技巧》,王延庆译,台北:尼罗河书房 2000 年版。

苏力:"问题意识:什么问题以及谁的问题?",载《武汉大学学报(哲学社会科学版)》2017 年第 1 期。

唐克扬:"没有观点的观点",载《现代装饰》2012 年第 4 期。

唐亚林:"思考问题的'三步法'或曰'九字方针'",http://blog.sina.com.cn/s/blog_51f28aef01016an0.html,2018 年 2 月 23 日访问。

[美] 托马斯·弗里德曼:《世界是平的》,何帆、肖莹莹、郝正非译,长沙:湖南科学技术出版社 2006 年版。

王德峰:《哲学导论》,上海:上海人民出版社 2000 年版。

王启梁:"法律是什么?——一个安排秩序的分类体系",载《现代法学》2004 年第 4 期。

王泽鉴:《民法学说与判例研究(二)》,北京:中国政法大学出版社 1998 年版。

王泽鉴:《侵权行为法(第一册:基本理论 一般侵权行为)》,北京:中国政法大学出版社 2001 年版。

［美］文森特·鲁吉罗：《超越感觉——批判性思考指南》（第九版），顾肃、董玉荣译，上海：复旦大学出版社 2015 年版。

吴齐殷："如何投稿 SSCI"，http://blog.sina.com.cn/s/blog_524f2f6b0100furq.html，2018 年 4 月 10 日访问。

香港大学关于研究诚信的相关要求，Responsible Conduct of Research，参见 http://www.rss.hku.hk/integrity/rcr，2018 年 12 月 15 日访问。

熊浩："知识社会学视野下的美国 ADR 运动——基于制度史与思想史的双重视角"，载《环球法律评论》2016 年第 1 期。

熊浩：《熊浩的冲突解决课：谈判》，北京：法律出版社 2017 年版。

徐媛："杜尚作品《泉》的艺术独特性"，载《美术教育研究》2017 年第 16 期。

［英］亚当·斯密：《国民财富的性质和原因的研究》，郭大力、王亚南译，北京：商务印书馆 1972 年版。

易中天：《破门而入——美学的问题与历史》，上海：复旦大学出版社 2006 年版。

［美］约翰·罗尔斯：《正义论》，何怀宏、何包钢、廖申白译，北京：中国社会科学出版社 1988 年版。

张五常：《新卖桔者言》，北京：中信出版社 2010 年版。

中共中央马克思恩格斯列宁斯大林著作编译局：《马克思恩格斯选集》（第一卷），北京：人民出版社 1995 年版。

周玄毅："沉默的辩手与不规则动词"，http://book.ifeng.com/gundong/detail_2012_03/13/13148641_0.shtml，2018 年 3 月 4 日访问。

英文参考文献

A. G. D. Bradney, "University Legal Education in the Twenty-First Century" in John P. Grant, R. Jagtenberg, and K. J. Nijkerk eds., *Legal Education 2000* (Aldershot, Hants: Avebury, 1988).

Andrew T. Guzman, "Arbitrator Liability: Reconciling Arbitration and Mandatory Rules" (2000) 49 *Duke Law Journal* .

Bill Moyers, *Moyers on Democracy* (New York: Doubleday, 2008).

Carrie Menkel-Meadow, "Portia in a Different Voice: Speculations on a Women's Lawyering Process" (1985) 1 *Berkeley Women's Law Journal*.

Carsten T. Vala 教授在 Writing Workshop for the Social Scientific Study of Religion among the Chinese (2018)的讲座"Focusing an Article for Clarity: One Idea from Start to Finish"。

Chen Goh Bee, *Law without Lawyers, Justice without Courts—On Traditional Chinese Mediation* (Aldershot, Hampshire, England; Burlington, VT: Ashgate, 2002).

Christine Loh and Civic Exchange eds., *Functional Constituencies: A Unique Feature of the Hong Kong Legislative Council* (Hong Kong: Hong Kong University Press, 2006).

Colin Tudge, *The Link: Uncovering Our Earliest Ancestor* (New York: Little, Brown & Co., 2009).

Eileen D. Gambrill, *Critical Thinking in Clinical Practice: Improving the Quality of Judgments and Decisions* (Hoboken, N.J.: Wiley, 2nd ed, 2005).

Ezra W. Zuckerman, "On Genre: A Few More Tips to Article-Writers" (2015) http://mitmgmtfaculty.mit.edu/esivan/reviews_essays/, 2018 年 7 月 19 日访问。

Fiona Cownie, *Legal Academics: Culture and Identities* (Oxford: Hart, 2004).

Gabriel Abend, "The Meaning of 'Theory'" (2008) 26 (2) *Sociological Theory*.

Gary King, Robert Keohane and Sidney Berba, *Designing Social Inquiry: Scientific Inference in Qualitative Research* (Princeton, N.J.: Princeton University Press, 1994).

How to Prepare Thesis Proposal: A guide for MPhil and PhD Students, A Publication of the Graduate School, the University of Hong Kong, http://www.gradsch.hku.hk/gradsch/f/page/476/1666/thesis-proposal.pdf, 2014 年 12 月 11 日访问。

James A. Jr. Wall and Ann Lynn, "Mediation: A Current Review" (1993) 37 (1) *The Journal of Conflict Resolution*.

James A. Jr. Wall and Timothy C. Dunne, "Mediation Research: A Current Review" (2012) April *Negotiation Journal*.

James A. Jr. Wall et al., "Mediation: A Current Review and

Theory Development"（2001）45（3）*The Journal of Conflict Resolution*.

Jerome Alan Cohen，"Chinese Mediation on the Eve of Modernization"（1966）54 *California Law Review*.

John Adams,"Diary and Autobiography of John Adams"，quoted in Susan Dunn ed.，*Something That Will Surprise the World: The Essential Writings of the Founding Fathers*（New York: Basic Books，2006）.

John Rawls，*Political Liberalism*（New York: Columbia University Press，1993）.

Judith G. Greenberg，Introduction in Mary Joe Drug，*Postmodern Legal Feminism*（New York: Routledge，1992）.

Karen Man Yee Lee，*Equality, Dignity, and Same-Sex Marriage: A Rights Disagreement in Democratic Societies*（Leiden，Boston: Martinus Nijhoff Publishers，2010）.

Matt Might，"The Illustrated Guide to a Ph D"，http://matt.might.net/articles/phd-school-in-pictures/，2018 年 1 月 26 日访问。

Norman Polythress and John P. Petrila，"PCL-R Psychopathy: Threatsto Sue，Peer Review，and Potential Implications for Science and Law. A Commentary"（2010）9（1）*International Journal of Forensic Mental Health*.

Paul Feyerabend，*Against Method*（London: New York: Verso，3rd ed.，1993）.

PGA TOUR，INC. V. MARTIN（00-24）532 U.S. 661（2001）204 F.3d 994.

Philip C. C. Huang，"Divorce Law Practices and the Origins，Myths and Realities of Judicial 'Mediation' in China"（2005）31 *Modern China*.

Philip C.C. Huang，"Court Mediation in China，Past and Present"（2006）32（3）*Modern China*.

Plagiarism，参见 https://www. ox. ac. uk/students/academic/guidance/skills/plagiarism? wssl=1，2018 年 4 月 2 日访问。

"Plagiarism: What it is and How to Avoid it"，参见 http://www.law.unimelb.edu.au/files/dmfile/plagiarism-what-it-is.pdf，2014

年 12 月 13 日访问。

Robert H.Ennis, "A Taxonomy of Critical Thinking Dispositions and Abilities" in Joan Boykoff Baron and Robert J. Sternberg eds., *Teaching Thinking Skills: Theory and Practice* (New York: W.H. Freeman, 1987).

Robert J. Morris, "*China's Marbury*: Qi Yuling v. Chen Xiaoqi—The Once and Future Trial of Both Education and Constitutionalization" (2010) 2(2) *Tsinghua China Law Review*.

Robert J. Morris, "Configuring the Bo(u)nds of Marriage: The Implications of Hawaiian Culture and Values for the Debate About Homogamy" (1996) 8(2) *Yale Journal of Law & the Humanities*.

Robert Nozick, *Anarchy, State, and Utopia* (New York: Basic Books, 1974).

Roger Hood, *The Death Penalty: A World-wide Perspective* (Oxford: Clarendon Press, 3rd ed., 2002).

Ron Suskind, *The Way of the World: A Story of Truth and Hope in an Age of Extremism* (New York: Simon & Schuster, 2008).

Sara R. Jordan, *Research Integrity: A Guide for Research Postgraduate Students at the University of Hong Kong Graduate School* (2011) the University of Hong Kong.

The University of Queensland, "Three Minute Thesis", https://threeminutethesis.uq.edu.au/about, 2018 年 2 月 23 日访问。

Xiong Hao, "The Two Sides of the Court Mediation in Today's Southwest Grassroots China: An Empirical Study in T Court, Yunnan Province" (2014) 1 (2) *Asian Journal of Law and Society*.

Zhu Suli, "The Party and the Courts" in Randall Peerenboom ed., *Judicial Independence in China: Lessons for Global Rule of Law Promotion* (Cambridge: Cambridge University Press, 2010).

附　录

在附录部分我们将书籍的主要内容转换为了表格，是为了化整为零，帮助同学和老师们通过填写表格中的相关信息，较为迅速、直观地梳理研究与写作的思路，检查自己各个部分的完成进度和质量。相关表格可以复印后单独使用。

为了使用和排版方便，表格附录的注释，归集于下：

附录一　确定主题，并将关键词作为介入既有文献的钥匙
注[1] 可以将此页复印，然后在论文准备中将相关内容填入。
注[2] 例如，法院调解是你的主题词，这个主题词可以进一步被分解为：法院调解的概念（定义）、有哪些法律可以规范法院调解的实践、法院调解解决纠纷的效果如何等具体问题。当然，这些小问题应该和自己的研究问题相关。这些关键词下分解的小主题就会成为你初步研究和阅读的基本内容。
注[3] 填写该部分的表格可以将文献分为若干小标题，并摘录相关文字。

附录三　导论自查清单
注[1] 相关内容来自 Susan McCarthy 教授在 Writing Workshop for the Social Scientific Study of Religion among the Chinese（2018）的两个讲座"Establishing Relevance: Making your Scholarship Appealing to Others"和"Reverse-Engineering the Article"。

附录六　论文提交：形式检查清单
注[1] 参见各自所在大学的论文标准。
注[2] 即同一种类型的文献，例如如果都是引证中文期刊，其引证格式是完全一样的。

附录九　复旦大学法学院法律硕士学位论文规范要求（2019 年版）
注[1] 王泽鉴：《民法学说与判例研究（二）》，北京：中国政法大学出版社1998年版，第14—15页。
注[2] 同上。
注[3] 同上。
注[4] 《中华人民共和国刑法》，第一百三十三条。

附录一
确定主题,并将关键词作为介入既有文献的钥匙[1]

这是第一阶段的工作,论文刚刚开始写作的阶段应该及时确定,尽量精准填写。

■ 论文的标题是(注意:是标题,不是领域,所以应该尽量详细,一开始不要在意字数和是否精当):

■ 我选择这个论文主题是因为(注意:不要写官话,而是真实、具体的缘由;至少有两点不同的具体理由):

■ 我从论题中提炼了如下"关键词"(最少三个):

■ 我将关键词分解为更小的小主题[2]:

■ 分关键词-小标题,整理文献如下(文献整理应该按照学术规范标注明确参考文献,你可以和老师讨论文献部分的数量和篇幅和学术规范的标准。要特别注重正式的文献,如专著和期刊的阅读)[3]:

附录二
论文的结构要素

要素	细目	依次填入你论文的结构要素
标题 (Title)	文章的题目	
目录 (Table of Content)		
导论 (Introduction)	论域 (Area)	
	主题 (Specific Topic)	
	研究问题 (Research Question)	
	观点立场 (Thesis Statement)	
	论文结构 (Outline)	
文献综述 (Literature Review)	现有文献 (Existing Literature)	
	研究间隙 (Research Gap)	
	方法和理论框架 (Methodological and Theoretical Framework)	
正文与论证 (Main Section)		
结论 (Conclusion)	论述整合 (Summary)	
	观点立场 (Thesis Statement)	
	理论价值与/或实际运用 (Theoretical Value and/or Practical Implication)	
	研究的限度和未来的可能 (Limitation and Future Research)	
参考文献 (Reference)		
附录 (Appendices)		
致谢 (Acknowledgement)		

附录三
导论自查清单[1]

论文要素部分写作完成后请完成该表,用于检查自己导论的内容,以使其清晰。

■ 你的主题是什么?

■ 你的选题为什么重要、有意义(不是对于自己,而是对于读者,对于法律/学术界)?

■ 什么是你想回答的研究问题?(可以有 1~2 个主要问题,2~3 个小问题/Sub-questions)

■ 你选用的研究方法与主题,以及你的研究问题是什么关系?为什么要运用这种方法而不是其他?

■ 你的论点是什么?即对上面这个/些问题的回答是什么?

■ 你的贡献是什么(你想告诉读者什么新的内容)?

附录四
文献综述自查清单

论文要素部分写作完成后请完成该表,用于检查自己文献综述的内容,以使其清晰。

- 你的研究问题是什么?

- 列举三个你认为最重要的文献,并简要说明为什么这三个文献最重要。

- 具体说明现有文献的不足是什么?

- 你可能的发现、贡献是什么(那些学术界不知道的)?

附录五
论文提交：内容一致性检查清单

检查核心内容要素是否一以贯之、内在自洽	是否自洽（✓）
标题	
研究目的	
既往研究的不足	
研究问题	
研究方法的选择	
主要观点和结论	
研究的现实意义	
研究的理论意义	

附录六
论文提交：形式检查清单

检查一下各个项目是否符合相关要求和学术规范[1]	完成与否（✓）
论文标题、小标题的字体和序号	
文件页边距、行距	
正文字体（包括数字、英文）规范、统一	
注释字体（包括数字、英文）规范、统一	
同类型文献注释格式统一[2]	
摘要表意清晰，容易理解	
导论研究目的清晰（问题的重要性、研究意义）	
导论问题意识清晰（提出并简单分析问题，问题数量有限、聚焦）	
文献综述部分不仅仅是罗列，而是有整合、分析、批判	
参考文献数量超过三十个，其中二十个以上是期刊和/或书籍	
参考文献不少于八个是法学核心期刊	
自行查重，重复率少于10%	

交叉检查人签名：

作者签名：

导师签字：

附录七 香港大学研究伦理申请表

THE UNIVERSITY OF HONG KONG
Human Research Ethics Committee
Application Form for Ethical Approval

192/1215 re-amended

For official use:
Ref. No.:
Received date:

Notes:
(1) Please read carefully the University's *Policy on Research Integrity*, *the Operational Guidelines and Procedures for the Human Research Ethics Committee* (HREC), and the summary of the Belmont Report available from the Research Services website before completing this Form.
(2) The completed application form, together with all related documents, should be sent to the Secretary, HREC, c/o Research Services, Registry.
(3) No data can be collected/analyzed before ethical approval is obtained from the Committee.

Part A—Outline of Application

1. Research Proposal	
Project title:	
Abbreviated project title (optional*):	
Data Collection Period: Please tick one of the boxes: ☐ From_____ to_____ (dd/mm/yyyy). ☐ Not applicable as no new data will be collected. Note: Ethical approval MUST be obtained prior to any data collection or analysis taking place.	
Project Start / End Dates: From_____ to_____ (dd/mm/yyyy)	

* Starting from April 1, 2015, the project title and name and department of PI will be posted on a public webpage maintained by the Research Services (www.rss.hku.hk/integrity/ethics-compliance/hrec-approved-projects) once this application is approved until the expiry of the ethical approval period. If the PI has concerns in revealing the project title on the public webpage, an abbreviated project title can be provided in the application form which will be posted on the public webpage.

2. Principal Investigator (PI)					
Title:		Surname:		First name:	
Department:					
Position / Staffgrade:			Staff no.:		
Contact- Tel:			Email:		
For student PI only:					
Degree programme / year:			Student no.:		
Name of supervisor:			Supervisor email:		

3. Co-Investigators (Co-I), if any					
Name (surname, first name)	Department / institution, if not HKU	Position (For staff Co-I only)	Programme (For student Co-I only)	HKU Staff/ Student no., if at HKU	Email address

4. Funding		
Funding source	Please check all that apply, and then specify the funding scheme below:	
HKU internal research grants		
Research Grants Council		TRS/AOE /CRF/GRF/ECS/Others:
Other external grant		ECF/HCPF/HMRF/ITF/PPR/SDF/QEF/Others:
Contractresearch		
No funding		

Note: Postgraduate Scholarship (PGS) of RPg students is not considered as research funding.

Part B—Proposal/Project Details

Please provide a summary of the below sections in layman terms. (Do not enter "see attached".)

5. Objectives of Study
(1)
(2)
(3)
(4)
(5)

6. Hypothesis, if any

7. Elements of Research Methodology that Involve Human Participants (not more than 1/2 page)

Part C—Data collection

8. Sources of Data

Please check all that apply:
- [ ] New data to be collected from human participants
  - [ ] Experimental procedures/Treatment/Intervention
  - [ ] Focus group
  - [ ] Internet survey
  - [ ] Observation
  - [ ] Personal interviews
  - [ ] Self-administered questionnaire
  - [ ] Telephone survey
  - [ ] Others: please specify [   ]
- [ ] Pre-existing data from human subjects

9. Study Participants- for New Data to be Collected

(a) Recruitment and selection of participants

    (i) How will participants be recruited?

    (ii) Participant inclusion criteria (e.g. Hong Kong residents aged 18 years and above):

    (iii) Participant exclusion criteria (e.g. people with metal implants need to be excluded from MRI):

(b) Who will perform the data collection?

(c) Where will the data collection take place, and how long will it take for each participant?

(d) Possible benefits to participants:

10. Risk Assessment- for New Data to be Collected from Human Participants

(a) Will the study involve intervention, such as action research/ treatment of any type?   Yes ☐ No ☐
If "Yes", please give details:

(b) Will the study involve initial deception of the full context of the study to avoid bias?   Yes ☐ No ☐
If "Yes", please provide details and attach the debriefing form:

(c) Before any attempts are made to minimize privacy risk (e.g. making the forms anonymous), is it possible that the study will involve greater than minimal privacy risks to research participants, either due to collection of sensitive data, such as political behaviour, illegal conduct, drug or alcohol use and sexual conduct, or because there is some risk of re-identification using a unique identifier such as DNA?   Yes ☐ No ☐

(d) Is it possible that the duration of the procedures will induce greater than minimal stress, in particular, for children, given their age and capacity?   Yes ☐ No ☐

(e) Is it possible that the study will induce greater than minimal psychological stress/pain/discomfort?   Yes ☐ No ☐

(f) Is it possible that the study will expose participants to greater than minimal physical or medical risk?   Yes ☐ No ☐
Note: Minimal risk means that the probability and magnitude of harm or discomfort anticipated in the research are not greater in and of themselves than those ordinarily encountered in daily life or during the performance of routine physical or psychological examination or tests.
If "Yes" to any of Questions (c) to (f), please state the precautions taken to minimize such stress/pain/discomfort/risk:

(g) Will photography of participants be used during the study? Yes ☐ No ☐

(h) Will video-recording of participants be used during the study? Yes ☐ No ☐

(i) Will audio-recording be used during the study? Yes ☐ No ☐
If "Yes" to Questions (g), (h) and/or (i), please provide details and justifications for the recording, and storage strategies:

(j) Will the study involve vulnerable participants who are unable to give informed consent, e.g. under the age of 18, mentally handicapped individuals? Yes ☐ No ☐

If "Yes", please specify details of the age group and/or vulnerability, and attach a Parent/Guardian Consent form:

(k) Is there any potential conflict of interest? (e.g. financial gain to the investigators, power over participants such as teacher/student relationship) Yes ☐ No ☐

If "Yes", please state details about the conflict of interest and state how that potential conflict will be addressed:

(l) Will this study involve matching of personal data from different data sources (e.g. multiple questionnaires)? Yes ☐ No ☐

If "Yes", please explain what identifier will be used for matching:

---

11. Informed Consent – for New Data to be Collected from Human Participants

■ When conducting research where seeking written consent is not practical or too sensitive, audio-recorded oral consent or email recorded consent might be less of a privacy risk than written consent and can be considered as an alternative.

■ The waiver of recorded informed consent is normally only applicable to newly collected data without personal identifiers. In this case, PIs are required to clearly specify that they are recording data without personal identifiers in their research grant proposals.

(a) How will you record informed consent? (Please check all boxes that apply)
   (i) Written consent ☐   (ii) Audio-recorded consent ☐
   (iii) Online/Email recorded consent ☐

If you will not record informed consent, please complete the following Questions (b) to (d) below and submit an information sheet.

(b) Please explain why the proposed study presents no more than minimal risk to the participants?

(c) Why does a waiver of recorded informed consent not adversely affect the rights and welfare of the participants?

(d) Do you know the identity of respondents? Yes ☐ No ☐
Note: Knowing the identity of respondents is distinct from whether their identity is recorded.

If "Yes", please explain why the study is not practicable with recorded informed consent.

---

12. Data Retention – for New Data to be Collected

(a) How long will the data containing personal identifiers be kept after publication of the first paper arising from the research project?

(b) How long will the anonymized data be kept after publication of the first paper arising from the research project?

Note: Data retention, i.e. how long will the data containing personal identifiers be kept after publication of first paper, and whether personal identifiers will be removed for long term retention of the research data, must be addressed in the informed consent/assent forms. Please refer to paragraph 25 of the Operational Guidelines and Procedures for details.

13. Pre-existing Data from Human Subjects

(a) What is the source of the original dataset?

(b) Are the original dataset in existing documents/records publicly available? Yes ☐ No ☐

Note: "publicly available" means that the data can be accessed without an approval process.
If "Yes", please indicate where the dataset is available (e.g. web address):
If "No", please specify the approving authority for access: (   )

(c) Were the original dataset originally collected for academic research purpose? Yes ☐ No ☐

If "Yes", please attach a copy of the Consent Form for the original collection of data.
If "No", please attach a copy of the Personal Information Collection Statement.

For ALL situations, please explain how this research is consistent with the purpose and use specified when the data were originally collected:

(d) Are the original dataset sensitive? (e.g. sexual preference, health status, criminal activity) Yes ☐ No ☐

Please provide full details on types of personal data to be used:

(e) Do the original dataset contain any personal identifiers? Yes ☐ No ☐

If "No", it means neither the researcher nor the source providing the data can identify a subject based upon the information provided with the data.
If "Yes", is the personal identifier direct or indirect? Direct ☐ Indirect ☐
Direct identifier—e.g. name, address, ID card no., medical record no., etc.
Indirect identifier—e.g. assigned code that can make a subject reasonably identifiable.

If "Yes", will you abstract/record any subject identifiers in the data extraction process? Yes ☐ No ☐ N/A ☐

(f) Will any new data be collected from subjects, other than the data obtained from the original dataset? Yes ☐ No ☐
If "Yes", please complete Questions 9 to 12.

Part D—Attachments

Please check the boxes as appropriate to indicate which of the following documents are enclosed to this application.

(1) Full research proposal including any questionnaire and/or interview script [i] ☐
(2) Parent/Guardian Consent Form (sample documents) ☐
(3) Informed Consent Form (standard templates of Informed Consent Form and sample language) [ii] ☐
(4) Consent script, for oral consent or email reply for consent (sample documents) [ii] ☐
(5) Deception: post debriefing consent form (sample documents) ☐

Notes:
(i) Mandatory
(ii) Mandatory unless waiver has been applied for or no data collection is being undertaken.

Part E—Declaration

In making this application, I certify that I have read and understand the University's *Policy on Research Integrity*, the *Operational Guidelines and Procedures of the Human Research Ethics Committee* (*HREC*), and the summary of the *Belmont Report*, and I will comply with the ethical principles of these documents. I will report to the HREC if there is any amendment, new information on the project and any research-related incidents, such as physical or emotional harm to the participants during the research process or breaches of confidentiality. I will also submit a final completion report on the request of the HREC. I undertake not to proceed with data collection/analysis before I receive the letter of approval of this application, and understand that failure to do so will lead to disciplinary action.

Name of Principal Investigator	Signature	Date

I/We hereby endorse this application with my approval and confirm that the investigator(s) are appropriately qualified in the research area involved to conduct the proposed research project, and am capable of undertaking this research study in a safe and ethical manner.

Name of Supervisor (for RPG students only)	Signature	Date
Name	Signature	Date

Head of Dept/Dean of Faculty/Faculty Reviewer *

* *Please delete as appropriate.*
September 2016

附录八
香港大学受访人同意书（模板）

A Sample Informed Consent Form
(English; in a letter format)
THE UNIVERSITY OF HONG KONG
[Name of department]

[date]

[Title of Research Project]

Dear [to address target participants],

I am [Name of Principal Investigator, Name of Department] at the University of Hong Kong. I will conduct a research project on [title of project] and would like to invite [to address target participant] to participate. [Explain in layman terms the purpose of study and why they are asked to participate].

[Explain in layman terms what they will be asked to do or what will happen to them if they opt to participate. Clearly state how much time the procedure will take.] [State risk, if any.] [If the procedure will be video-recorded / audio-recorded, please state here.] Please complete the reply slip below to indicate whether you do decide to participate in this research. [Include a statement of confidentiality, such as "all information obtained will be used for research purposes only. Participant will not be identified by name in any report of the completed study".] [If the procedure will be video-recorded / audio-recorded, tell the participants that they have the right to review and erase the video/audio records; and mention the storage strategies of the recorded data. For the video recording with groups, there is a need to offer being outside the camera view or having the image blurred if participants do not agree to be video-recorded.] [State direct benefit and compensation, such as "each participant will be reimbursed HK $?? to defray the cost of inconvenience/ transportation, and potential benefit to others, if any."] Participation is entirely voluntary. This means that you can choose to stop at any time without negative consequences. If you have any questions about the research, please feel free to contact [Name of the principal investigator (telephone number)]. If you want to know more about the rights as a research participant, please contact the Human Research Ethics Committee for Non-Clinical Faculties, the University of Hong Kong (2241-5267).

If you understand the contents described above and agree to participate in this research, please sign below. Your help is very much appreciated.

Yours sincerely,
Name & Department of PI
The University of Hong Kong

Reply Slip

Name of Participant:

I** will / will not participate in the research.
I** agree / do not agree to the video-recording / audio-recording during the procedure. (if the procedure will be video-recorded / audio-recorded)

I** wish / do not wish to be identified. (if the procedure will involve personal interview)

(** Please delete as appropriate.)
Signature:
_____

Date:
_____

同意书
（中文样本）
香港大学
［学系名称］

［日期］

［研究题目］

尊敬的［目标参与者］：

  邀请您参与由［首席研究员］主理的研究调查。这是一项关于［例如：教育心理学］的学术研究，旨在探讨［例如：学生的学习动机］。

  您需要完成［说明工作及步骤及所需时间：例如，一份有关学习动机的问卷（需时约五分钟）］［说明任何风险：例如，在完成问卷的过程中，部分问题可能涉及阁下的私隐和价值取向。］［若过程中会被录像/录音，请说明参与者有权利检视及删除其录像/录音，并描述录像/录音数据的保存方法。若涉及集体录像，请说明如参与者不同意被录像，其影像会在镜头以外或其录像会被模糊。］［说明任何利益：例如，本研究并不为阁下提供个人利益，但所搜集数据将对研究学习动机的问题提供宝贵的资料。］这次参与纯属自愿性质，您可随时终止参与这项行动，有关决定将不会引致任何不良后果。所收集的资料只作研究用途，个人资料将绝对保密。如您对这项研究有任何问题，请现在提出。

  如日后你对这项研究有任何查询，请与［首席研究员］联络（电话号码:）。如你想知道更多有关研究参与者的权益，请联络香港大学非临床研究操守委员会。

  如你明白以上内容，并愿意参与这项研究，请在下方签名。

☐ 我 ＊＊同意／不同意在过程中被录像/录音。(若过程中会被录像/录音)
☐ 我 ＊＊同意／不同意被识别。(若过程中涉及私人面谈)

（＊＊请删去不适用者）

姓名：＿＿＿＿＿＿＿＿
班别：＿＿＿＿＿＿＿＿
学号：＿＿＿＿＿＿＿＿

附录九
复旦大学法学院法律硕士学位论文规范要求（2019年版）

一、总体要求

复旦大学法学院法律硕士专业学位论文的撰写须严格遵守《复旦大学博士、硕士学位论文规范（2017年3月修订版）》之相关规定（除注释和参考文献；注释应统一按本《规范》采用脚注格式），并参考《上海市法律硕士专业学位论文基本要求和评价指标体系》之相关规定。

二、论文的结构性要素

要素	细目	备注
导论 (Introduction)	论域 (Area)	研究的领域
	论文主题 (Specific Topic)	在清晰的问题意识指引下聚焦到具体主题；清晰拟定论文标题
	研究问题 (Research Question)	论文要回答的实践和理论问题；正当化问题的选择；不超过3个为宜
	文献综述 (Literature Review)	相关研究的基本情况概述
	目前存在问题 (Research Gap)	现有研究的不足、创造新知的可能性和突破口
	方法和理论框架 (Methodological and Theoretical Framework)	视体量，方法与理论框架亦可在导论部分或用专章写作完成
	观点立场 (Thesis Statement)	作者明确的态度、观点、立场，很多论文缺乏观点立场
	论文结构 (Outline)	论文行文的内容顺序安排

(续表)

要素	细目	备注
正文与论证 (Main Section)		
结论 (Conclusion)	论述整合 (Summary)	对正文内容的概括、梳理、总结
	观点立场 (Thesis Statement)	作者明确的态度、观点、立场
	理论价值与实际运用 (Theoretical Value and Implication)	
	研究的限度 (Limitation)	本研究的不足,值得学术接力之处
参考文献 (Reference)		参考文献应包括注释中引用的所有文献,也可包括虽未引用、但在论文写作中参考的其他重要文献
附录 (Appendices)		非必须
致谢 (Acknowledgements)		非必须

三、注释的一般要求

1. 根据必要和清晰原则设置注释,不提倡繁琐引用,但应严格遵守学术规范。
2. 采用脚注,全文连续编码。
3. 注码置于标点符号之后(对句中词语加注者除外)。
4. 使用 Word 自动生成的插入脚注序列号,即1、2、3排序。
5. 引用建议以" "直接引用原文和原始文献。
6. 非引用原文者,注释前加"参见"。
7. 非引自原始文献、且为珍罕文献而不易核查的,先标注原始文献,再以"转引自"说明直接征引文献;非作者直接引自原始文献、但其为常规文献的,应核查后直接标注原始文献,再以"参见"说明作者藉以获得线索的文献。
8. 注释格式应按照"注释例示"要求,特别注意注释中标点符号使用的规范性。
9. 外语文献根据该文种注释习惯。

四、直接引用和间接引用

1. 直接引用超过三行为长引用,应该改变引证格式,首尾缩进 2 个中文字符,字号改为五号,上下各空一行。例如:

> 法律是一种社会规范,各国法律之概念体系虽有不同,但其基本功能,则无二致,均在衡量利益,判断价值,解决特定社会问题。因此惟有秉"功能性原则",始能突破各国法律之概念体系,进而探求各国法律为解决特定问题所设之法律规范。各国法律所以能够比较,乃是因为均在解决同一之问题,满足同一之需要。"功能性原则"是法律比较研究之出发点,也是法律比较研究之基础。[1]

2. 每页长引用一般不应连续出现。

3. 一般间接引证需要比原文明显更短,而不是重新对字词进行同义转述。间接引用需在注释前增加"参见"字样。例如:

直接引用:

> 法律是一种社会规范,各国法律之概念体系虽有不同,但其基本功能,则无二致,均在衡量利益,判断价值,解决特定社会问题。因此惟有秉"功能性原则",始能突破各国法律之概念体系,进而探求各国法律为解决特定问题所设之法律规范。各国法律所以能够比较,乃是因为均在解决同一之问题,满足同一之需要。"功能性原则"是法律比较研究之出发点,也是法律比较研究之基础。[2]

间接引用:

> 王泽鉴教授认为,虽然各个国家法律不同,但在权衡法益、判别价值与解决社会具体问题上,法律的功能并无不同。据此他提出应该将"功能性原则"作为法律比较研究的基础。[3]

五、注释例示

(一)非连续出版物

1. 普通图书

(1)著(译)作、工具书

| 作者: | + | 《书名》, | + | 出版社 | + | 出版时间, | + | 页码 | + | 。|

李昌道:《美国宪法史稿》,法律出版社 1986 年版,第 14 页。

叶孝信(主编):《中国民法史》,上海人民出版社 1993 年版,第 25 页。

约翰·H. 杰克逊:《世界贸易体制》,张乃根译,复旦大学出版社 2001 年版,第 283 页。

《辞海》,上海辞书出版社 1979 年版,第 932 页。

(2)析出文献

| 章节作者: | + | 《文章标题》, | + | 载编者: | + | 书名, | + | 出版社 | + | 出版时间, | + | 页码 | + | 。|

刘士国:《患者隐私权:患者自己决定权与个人信息控制权》,载刘士国(主

编)：《医事法前沿问题研究》，中国法制出版社 2011 年版，第 100 页。

郭建：《帝国缩影·后记》，学林出版社 1999 年版，第 309 页。

2. 古籍

（1）常用古籍（二十五史、诸子等）

[《书名》] + [细目] + [。]

《史记》卷八七《李斯列传》。

《孟子·公孙丑上》。

（2）其他一般古籍

[作者：] + [《书名》，] + [细目，] + [版本]

黄六鸿：《福惠全书》卷十七"刑名部"，康熙三十八年濂溪书屋本。

如系现代编校版本

[作者：] + [《书名》，] + [细目，] + [版本，] + [编校者姓名，] + [出版社] + [出版时间，] + [页码] + [。]

吴宏：《纸上经纶》卷一"休邑乡村等事"，《明清公牍秘本五种》，郭成伟、田涛点校整理（据康熙六十年刻本），中国政法大学出版社 1999 年版，第 158 页。

（二）连续出版物中析出文献

1. 期刊

[作者：] + [《文章标题》，] + [期刊名] + [出版时间和期号，] + [页码] + [。]

孙笑侠、郭春镇：《法律父爱主义在中国的适用》，《中国社会科学》2006 年第 1 期，第 49—50 页。

段匡：《日本的民法解释学》（五），载梁慧星（主编）：《民商法论丛》第 20 卷，金桥文化出版（香港）有限公司 2001 年版，第 332 页。

2. 报纸

[作者：] + [《文章标题》，] + [报纸名] + [出版时间，] + [版面号] + [。]

章武生：《把司法改革作为政治体制改革的突破口》，《社会科学报》2007 年 10 月 11 日，第 3 版。

《关于司法问题之简示》，《申报》1912 年 1 月 9 日，第 2 张第 2 版。

（三）法律法规

[法律法规名称] + [具体条款项] + [。]

《中华人民共和国宪法》第六十七条。

《中华人民共和国物权法》第一百零六条第（二）款。

《土地复垦条例》第十二条。

司法解释及其他规范性文件

[文件名称，] + [颁布时间，] + [文件发出单位及字号，] + [具体条款项] + [。]

《最高人民法院关于开展行政诉讼简易程序试点工作的通知》，2010年，最高人民法院法（2010）446号，第一条。

国家发展和改革委员会等：《关于开展全国高尔夫球场综合清理整治工作的通知》，2011年，发改社会［2011］741号，第二条第（一）项。

引证法条时，除了要分析法条文本的具体内容、文辞、规范，可以不引用条文正文。例如：

根据我国刑法第一百三十三条之规定：

违反交通运输管理法规，因而发生重大事故，致人重伤、死亡或者使公私财产遭受重大损失的，处三年以下有期徒刑或者拘役；交通运输肇事后逃逸或者有其他特别恶劣情节的，处三年以上七年以下有期徒刑；因逃逸致人死亡的，处七年以上有期徒刑。[4]

可以缩写为：根据我国刑法第一百三十三条之规定，……

上述条文提及法、条、款即可，无需引证条文规定之具体内容，亦无需注释。

（四）案例

案件名称，+ 主审法院/（年份）字号/具体时间 + 。

通用电气实业（上海）有限公司诉上海绿膜渗透技术有限公司合同纠纷仲裁案，上海市第一中级人民法院（2017）沪01执1694号/2017.12.19。

（五）未公开出版文献

1. 学位论文

作者：+ 论文名称，+ 提交单位 + 论文类型，+ 时间，+ 页码 + 。

董茂云：《法典法与判例法比较研究》，中国人民大学博士学位论文，1997年，第85页。

2. 档案

档案名称，+ 年代时间，+ 细目，+ 档案收藏部门 + 。

《龙方案》，乾隆元年（1736），刑科题本2-1-7-4300-2-544，藏中国第一历史档案馆。

《季有祥诉季有为案·堂谕》，1912年8月，龙泉司法档案M003-01-16316，第3页，藏浙江龙泉市档案馆。

3. 稿本

稿本名称，+ 年代时间，+ 细目，+ 档案收藏部门 + 。

《松江正定二府三案笔录》，乾隆抄本，不注页码，藏上海图书馆（465988）。

（六）电子文献

作者：+ 文献名称，+ 网络链接，+ 访问时间 + 。

贾楠：《环保部将对六大行业执行大气污染物特别排放限值》，http：//news.xinhuanet.com/politics/2013-03/06/c_114916591.htm，2017年8月1日访问。

（七）连续重复引用和交叉引用

连续引用直接标注：同上，第480页。

连续直接引用无需重复标注文献信息。

交叉引证是指后文再次引证前文引证过的内容，且引证并不连续。可直接标注：前引注2，第38页。如前引注释中有多种文献，可以标注再次引证的作者姓名，例如：前引注2，叶孝信（主编）书，第180页。

（八）其他

其他非常见资料，在以上规则中寻找近似文献引证格式适当变通，例如，引证电影片段时：

冯小刚导演：《芳华》，浙江东阳美拉传媒有限公司2017年出品，45分46秒—50秒。

六、其他形式要求

（一）一般格式

正文部分，中文使用宋体小四号字，西文（含西文标点符号）使用Times New Roman的小四号字。首行空两个中文字符。行距20磅。正文中的人名、地名等英文内容全部译为中文，首次出现时在括号内标注原文。

注释部分，中文使用宋体五号字，西文使用Times New Roman的五号字。行距12磅。悬挂缩进一个中文字符。

参考文献部分，首行不空格，悬挂缩进一个中文字符。

排版时，注意控制孤行，即避免一两行文字单独占一页，避免标题文字出现在页面的最后一行。

（二）目录格式

目录部分"章"一级标题应该加粗；小四字体，单倍行距；目录中具体写明到"节"即可；引言/导论/绪论不罗列次级标题，引言/导论/绪论正文中若无"节"，正文中"节"的下一级标题不写序号。示例如下：

> 引言/导论/绪论
> 第一章 "对赌协议"概述
> 　　第一节 "对赌协议"的定义
> 　　第二节 "对赌协议"的产生

（三）正文序号和标题位置

1. 章、节题目居中，其他标题靠左、缩进两个中文字符；
2. 章标题下空一行，节标题前后各空一行；
3. 正文新段落首行缩进两个中文字符；
4. 章标题用分页符另起一页；

5. 章标题下、第一节标题之前,应有一段文字概述本章主旨;
6. 章节序号如下依序使用:

第一章(四号字粗体)
第一节(小四号字粗体)

一、XXXX(小四号字粗体)

(一)XXXX(以下统一为小四号)

1. XXXX

(1)XXXX

七、参考文献

1. 参考文献一般包括著作、论文、法律法规、案例、学位论文、电子文献等类别。排列时先分不同类别,每类中按作者或文献(无作者时)的姓名拼音或字母顺序排序;通常先列中文文献,再列外文文献。西文作者应按其姓氏(last name)排序。

2. 每种参考文献的格式按注释体例,但不必标注页码。

图书在版编目(CIP)数据

论文写作指南:从观点初现到研究完成/熊浩著. —上海:复旦大学出版社,2019.9
(2022.7 重印)
ISBN 978-7-309-14535-9

Ⅰ. ①论… Ⅱ. ①熊… Ⅲ. ①论文-写作 Ⅳ. ①H152.3

中国版本图书馆 CIP 数据核字(2019)第 166145 号

论文写作指南:从观点初现到研究完成
熊　浩　著
出品人/严　峰
策划编辑/刘　月
责任编辑/戚雅斯

复旦大学出版社有限公司出版发行
上海市国权路 579 号　邮编:200433
网址:fupnet@fudanpress.com　http://www.fudanpress.com
门市零售:86-21-65102580　团体订购:86-21-65104505
出版部电话:86-21-65642845
上海盛通时代印刷有限公司

开本 890×1240　1/32　印张 9.75　字数 159 千
2019 年 9 月第 1 版
2022 年 7 月第 1 版第 3 次印刷
印数 13 001—18 010

ISBN 978-7-309-14535-9/H·2927
定价:48.00 元

如有印装质量问题,请向复旦大学出版社有限公司出版部调换。
版权所有　侵权必究